Blanc, .. alors bonne lecture !

Bonne-Maman

16/1/2010

EX LIBRIS

Zacharie Cazes

ÉDOUARD DE POMIANE

GUIDE PRATIQUE DE CUISINE FAMILIALE

ÉDITIONS BÉLÉNOS

Groupe R. & C. Bouchet Éditeurs Inc.
Dépot Légal Bibliothèque Nationale du Canada - 2002
Dépot Légal Bibliothèque Nationale du Québec- 2002
ISBN : 2-9806911-2-7

PREFACE

Madame,

Brillat-Savarin, dans la Physiologie du goût, a écrit que ."l'on devient cuisinier, mais qu'on naît rôtisseur".
Mais pour devenir cuisinier, il faut, disent les professionnels, travailler des années et des ainnées. Ils ont, certes, raison, car, pour devenir artiste en n'importe quel métier, il faut s'y adonner complètement. Or les grands cuisiniers sont de grands artistes.
Mais vous, Madame, éprouvez-vous le besoin de savoir préparer les sept mille plats de la cuisine classique française? Non, vous voulez simplement, dans votre intérieur, créer autour de la nappe familiale une oasis de bonheur. Le jour où la tarte que vous apportez sur la table arrache un cri de joie à vos enfants, ce jour est à marquer dune pierre blanche; c'est un jour heureux.
Mais, me direz-vous, où apprendre à faire la cuisine? Dans le temps, C'était bien simple; on regardait faire sa mère ou sa grand'mère, et, tout doucement, sans aucun effort, on arrivait à faire comme elle. Ce temps béni est passé. La fièvre s'est emparée de l'humanité; la grande guerre a renversé tous les ordres sociaux. Les femmes doivent travailler dune façon beaucoup plus intensive, et elles n'ont plus le loisir de rester chez elles. Les personnes fortunées qui avaient des domestiques et des cuisinières professionnelles ne les trouvent plus qu'à grand' peine, et encore celles-ci n'ont-elles plus la compétence qu'elles avaient dans le passé.
On ne peut donc plus apprendre à faire la cuisine en regardant faire sa mère ou sa grand'mère. Et, cependant, il vous faut savoir faire la cuisine, puisque, très souvent, vous êtes obligée de préparer vous même les repas des vôtres ou que vous devez devenir le professeur de la bonne "à tout faire ", que vous venez d'engager.
Prenez donc un livre de cuisine et commencez votre instruction.

Des livres de cuisine? Il en existe de très nombreux et très bien faits. Mais quel que soit le livre que vous feuilletterez, vous serez découragée, car aucun ne vous enseignera la technique culinaire. Tous sont une énumération de plats plus ou moins compliqués, mais aucun n'est un A.B.C. de cuisine. Je n'en connais qu'un seul qui remplisse ce but ; j'ose à peine vous le recommander, c'est le CODE DE LA BONNE CHERE, car c'est moi qui l'ai écrit. Ce sera le livre à consulter après avoir lu ces quelques pages, mais c'est déjà un gros livre.
Aujourd'hui, je viens vers vous avec mon petit livre et je vais vous tirer d'affaire. Quelle prétention! me direz-vous... La cuisine en six leçons... C'est une boutade. Lisez-moi attentivement et vous saurez suffisamment faire la cuisine pour faire le bonheur des vôtres.
Si je suis sûr de moi-même, c'est que la méthode que je vais employer est une méthode scientifique. Oh! le gros mot! Où la science va-t-elle se nicher?
Elle va se nicher partout, la science; et c'est là la caractéristique de notre époque.
Notre siècle est le triomphe de la vulgarisation scientifique. Vous êtes surprise de voir votre fils de douze ans demander pour ses étrennes un poste de T.S.F. Vous êtes surprise de la maîtrise avec laquelle il trouve la cause de la panne d'une sonnerie électrique. Il vous dira s'il faut rajouter de l'eau à la pile ou si le zinc en est usé.
Les bases de toutes les sciences appliquées sont enseignées aux enfants sous la forme de leçons de choses. Pourquoi ne pas en faire autant avec la cuisine?
Faire cuire un aliment, c'est le modifier par le feu. En le modifiant, ont modifie sa constitution. Or, sa constitution, c'est de la chimie. L'emploi du feu, c'est de la physique. Eh bien! Madame, le voulez-vous? Nous allons faire de la chimie et de la physique très simples sous forme de six leçons de choses. Vous comprendrez alors ce qui se passe dans une casserole ou sur une poêle à frire. Vous deviendrez, en cuisine, aussi instruite que votre fils l'est en électricité. Il sait déceler les pannes de votre sonnerie ou de son appareil de T.S.F. Vous saurez trouver les raisons de vos premiers insuccès culinaires. J'espère, du reste, que vous n'en aurez pas, car, certes. vous serez attentive et,

comme toute femme française, vous avez l'amour de votre foyer.
Rappelez-vous que la cuisine est l'antichambre du bonheur.
Permettez-moi, madame, de vous en ouvrir la porte.

LA CLASSIFICATION ET LA COMPOSITION DES ALIMENTS

Le nombre des aliments qui entrent dans une cuisine est, sinon infini, du moins excessivement grand. Cependant, en les observant bien, on peut rapidement les classer en un certain nombre de catégories.

On peut, par exemple, les diviser en viandes, poissons, œufs, légumes, graisses, fruits, laitage, fromages, mollusques, crustacés, volailles, gibiers, etc.

Une telle classification est encore très complexe et, au point de vue de la cuisson des aliments, elle est inutile et défectueuse. En effet, les mêmes lois de cuisson régissent la préparation au four des viandes, des volailles, des gibiers, des fruits, des poissons.

Cherchons donc une classification plus simple et, pour cela, demandons secours aux chimistes. Ces derniers ont divisé les substances alimentaires, tout simplement, en quatre classes que nous allons étudier en détail. Ne vous effrayez pas :

1° Les albumines;
2° L'amidon et les sucres;
3° Les graisses;
4° Les aliments minéraux.

A ces quatre classes, les savants ont ajouté des principes nouveaux appelés vitamines, sur lesquels nous insisteront en temps et lieu.

LES ALBUMINES

Tout le monde connaît l'albumine, le blanc d'œuf par exemple. C'est l'albumine la plus pure que nous pouvons trouver dans nos aliments. Or, tous les tissus d'animaux que nous consommons sont composés en majeure partie d'albumine. En effet, la viande, quelle qu'elle soit, qu'elle provienne du bœuf, du veau, du mouton, du porc, de la poule, de la dinde, du poisson, des moules ou de la langouste, cette viande est toujours composée presque

exclusivement d'albumine. Voici donc une grande simplification de la classification.
L'albumine n'est pas seulement contenue dans les tissus animaux. Les végétaux en contiennent aussi une notable proportion. Ainsi, dans toutes les céréales, il existe de l'albumine sous la forme de gluten.
L'importance de l'albumine dans notre alimentation est énorme; on le comprend, puisque tous nos tissus sont composés d'albumine. Pour refaire notre organisme qui se développe et s'use continuellement, il nous faut manger de l'albumine.
Quelles sont les propriétés de cette albumine? Cherchons-les dans l'albumine la plus simple à notre connaissance : dans le blanc d'œuf. Etudions en même temps le jaune de l'œuf qui est très riche en albumine.
Cassons un œuf, le blanc se présente à nous sous l'aspect d'une masse glaireuse, transparente, semi-liquide.
Le jaune est globuleux. Si on le brise, il coule.
Prenons un autre oeuf et laissons-le séjourner trois minutes dans de l'eau bouillante. Retirons l'œuf de son bain de cuisson et cassons-le sur une assiette. Le blanc n'est plus translucide, il est laiteux et encore semi-liquide. Le jaune est encore liquide.
Prenons un troisième oeuf, laissons-le séjourner six minutes dans l'eau bouillante; cassons-le sur une assiette. Le blanc n'est plus liquide, il se présente sous d'une masse dure, cassante, accolée à la coquille. Le jaune t devenu légèrement pâteux, mais il est encore semi-liquide.
Prenons un quatrième oeuf. Laissons-le séjourner onze minutes dans l'eau bouillante. Sortons-le de son bain de cuisson et cassons-le. L'œuf entier se présente sous la forme d'une masse solide. Le blanc est dur, le jaune est dur aussi.
Les chimistes disent que, le premier oeuf, l'albumine n'est pas dénaturée.
Dans le second œuf, l'albumine du blanc a subi un début de coagulation; le jaune n'est pas dénaturé.
Dans le troisième œuf, l'albumine du blanc est complètement coagulée; celle qui en dans le jaune commence à peine à coaguler.
Dans le quatrième oeuf, l'albumine du blanc et celle du

jaune sont coagulées.
La coagulation est donc un phénomène au cours duquel l'albumine liquide devient solide sous l'influence de la chaleur.
Ainsi, l'albumine coagule sous l'influence de la chaleur. Retenons bien ce fait, il est capital dans tous les phénomènes qui se passent en cuisine. En effet, cuire la viande, c'est la coaguler. Cuire un oeuf c'est le coaguler; le coaguler plus ou moins, c'est l'à la technique culinaire.
La chaleur n'est pas le seul facteur qui transforme l'albumine liquide en albumine solide. On peut aussi coaguler le blanc d'œuf en lui ajoutant un acide, du vinaigre par exemple. Le vinaigre raffermit donc tous les tissus animaux riches en albumine. C'est dans ce seul but qu'on l'emploie dans certains cas; pour les courts-bouillons, par exemple.

L'AMIDON ET LES SUCRES

L'amidon Chacun sait que les graines des céréales sont très riches en amidon. Avec le blé, on fait de la farine et, la farine, c'est de l'amidon avec un peu de gluten.
La farine constitue une source très importante de l'alimentation humaine. Avec la farine, on fait le pain, toutes les pâtisseries. La farine sert aussi à confectionner des sauces liées, des potages veloutés, des nouilles, des macaroni, des semoules, etc...
Telle qu'on la prend au moulin, la farine est une poudre très fine. En cuisine, on la transforme soit en pâles résistantes, soit en bouillies plus ou moins consistantes.
Si la farine arrive à se transformer en bouillie collante, sous l'action combinée de l'eau et de la chaleur, c'est à cause de la transformation que subit l'amidon qu'elle contient.
Une des propriétés de l'amidon est de se transformer en empois. Prenez un peu d'amidon ou de farine, délayez-le dans de l'eau froide. Portez sur le feu en agitant tout le temps la masse. Vous verrez rapidement le liquide perdre de sa blancheur nacrée; petit à petit, il épaissit, devient transparent; il ressemble à de la colle, c'est l'empois d'amidon.
Si la quantité d'amidon ou de farine, était très grande par

rapport à l'eau, le résultat est une pâte épaisse. Si la quantité de farine ou d'amidon était petite par rapport à celle de l'eau, on obtient un liquide semi-fluide, à consistante collante.
Ainsi, l'addition d'amidon à un liquide qui cuit transforme complètement la consistance de ce dernier. C'est là un artifice très employé en cuisine pour faire pâtes et obtenir des liaisons.
Les sucres. Le sucre est un aliment très répandu dans la nature. On en trouve dans les fruits, dans les fruits, dans les légumes et même dans la viande. Certaines viandes sont même très riches en sucre, d'où leur saveur spéciale. Telles sont les viandes de cheval, ou d'oie.
L'industrie humaine a su tirer le sucre de certains végétaux et le concentrer. On fait cristalliser le sucre de racines de betteraves ou de tiges de cannes à sucre.
Le sucre ainsi obtenu industriellement possède les mêmes propriétés que le sucre qui se trouve dans les fruits et même la viande. Seulement, ces propriétés sont plus apparentes, du fait même que le produit est plus pur.
Le sucre porté sur le feu avec très peu d'eau se transforme en un sirop épais. Si on continue à chauffer, le sirop se concentre de plus en plus. A un moment donné, il se met à brunir; il dégage une odeur caractéristique. On dit que le sucre s'est transformé en caramel. Si on continue à chauffer le caramel, il brûle, il se transforme en charbon. Il est perdu pour la cuisine.
Ne retenons pour l'instant que ces deux propriétés de l'amidon et du sucre : l'amidon donne de l'empois sous l'action combinée de l'eau et du feu; le sucre se transforme en caramel sous l'action du feu.
Aux côtés de l'amidon et du sucre, les chimistes rangent une substance très répandue dans le monde végétal : la cellulose. C'est une substance qui forme la charpente de tous les tissus végétaux. Le cellulose ne se digère pas dans notre tube digestif. Ce n'est donc pas un aliment. La cellulose n'est pas modifiée par une cuisson même très longue; elle n'intéresse donc que très peu le cuisinier. Il fallait cependant en parler, car elle se trouve dans tous les végétaux.

LES GRAISSES

Les graisses occupent une place importante dans l'alimentation de l'homme. Celui-ci va les prendre soit dans le règne animal, soit dans le règne végétal.

Citons quelques graisses animales : le beurre, la crème, les parties grasses de la viande, les graisses fondues telles que le saindoux, la graisse d'oie ou les margarines.

Le règne végétal donne des graisses liquides comme les huiles et des graisses solides telles que la végétaline, la cocose, etc...

La graisse est indispensable dans le régime alimentaire de l'homme, car c'est une source merveilleuse de chaleur animale. Tout le monde sait que, dans les pays froids, tels que la Laponie, on boit de l'huile, comme chez nous on boit du vin.

La graisse est indispensable pour la cuisine; en effet, elle fait partie intégrante de tous les plats usuels. On met du beurre dans la soupe, on en met sur la poêle avant d'y faire un bifteck. On ajoute du beurre aux légumes, on fait les fritures en pleine graisse.

Etudions quelques propriétés des graisses, du moins celles qui intéressent le cuisinier. Prenons du beurre, par exemple. Ce beurre, en hiver, est dur. Mettons un morceau de beurre sur le feu, dans une casserole. Il fond. Dès qu'il est fondu, il crépite. Ce crépitement est dû à l'évaporation brusque de l'eau qu'il contenait. Puis la surface du beurre fondu devient calme et une légère fumée commence à se dégager. Prenez garde... Vous êtes à la limite de la décomposition du beurre. C'est à ce moment qu'il faut y jeter le bifteck que vous voulez faire cuire ou les pommes de terre que voulez faire sauter.

Si vous laissez ce beurre plus longtemps sur le feu, sans rien y ajouter, il va noircir rapidement et il brûlera. Il dégage alors une odeur âcre qui prend-à la gorge. Elle est due à la présence d'un corps toxique qui a pris naissance au cours de la décomposition du beurre et qui s'appelle l'acroléine.

Donc, le beurre se décompose et s'altère dès qu'il commence à fumer. Il en est de même de toutes les graisses. Seulement, tandis que le beurre se décompose à

une température relativement basse (120°), les autres graisses se décomposent à des températures plus élevées. Ainsi, le saindoux peut être chauffé plus haut (200°) la graisse de bœuf encore plus haut (220°), les huiles encore plus haut (290°). Voici pourquoi on emploie de préférence l'huile et la graisse de bœuf pour les fritures. On peut ainsi porter à une température très élevée les aliments à frire.
Retenez donc bien ce fait : toutes les graisses portées sur le feu commencent à fondre puis leur température monte rapidement jusqu'à un point Critique où elles commencent à se décomposer. Il ne faut Jamais dépasser ce moment sans les employer. Autrement elles
deviennent mauvaise au goût, indigestes et, pour quelques estomacs, elles sont toxiques.

LES SELS MINÉRAUX

Les chimistes vous diront qu'il existe des sels minéraux dans tous les aliments. En effet, si on calcine n'importe quel aliment, on obtient des cendres. Ces cendres sont des sels minéraux. Tel aliment contient des sels de chaux, d'autres des sels de Fer, d'autres des sels de potasse ou de soude.
Mais l'homme ne se contente pas de ces sels contenus dans les aliments. A tout ce qu'il consomme, il ajoute, au cours de la cuisson, du sel marin. Tout le monde éprouve le besoin du sel. Certaines personnes mangent plus salé les unes que les autres. Pour elles, on pose sur l'a table une salière remplie de sel marin.
Le besoin de sel est tel que les peuplades du centre de l'Afrique échangent les produits de leur pays contre des barres de sel, qui servent ainsi de monnaie.
Il faut donc saler les aliments. Pourquoi ? Parce que toutes les humeurs de notre organisme sont salées à 8 grammes pour 1.000 environ. Pour maintenir cette salure, il faut consommer du sel. Le surplus en est éliminé par l'urine, la sueur, etc...
Nous sentons le goût de ce que nous mangeons, parce que les aliments entrent en contact, dans notre bouche, avec des terminaisons nerveuses qui sont les papilles gustatives. Ces papilles. faisant partie de notre organisme,

ne fonctionnent qu'à une salure de 8 pour 1.000. C'est à ce taux qu'il faut saler nos aliments.
Le sel de cuisine est un aliment indispensable. Ce n'est pas un condiment comparable aux épices ou à la moutarde. Il faut toujours saler les aliments.
Le sel marin ainsi que tous les sels minéraux ont la propriété de se dissoudre dans l'eau. Retenons ce fait.
On range aussi, parmi les aliments minéraux, un facteur absolument indispensable à notre vie : c'est l'eau.
Normalement, nous éliminons trois litres d'eau par jour, par l'intermédiaire de l'urine, de la transpiration. Il nous faut récupérer cette perte. Nous devons donc prendre trois litres d' eau par 24 heures. Non, car les aliments, tous les aliments contiennent une très grande quantité d'eau (85 pour 100, en moyenne). En prenant un litre et demi d'eau sous la forme de boissons, infusions, café, potages, on est sûr de ne pas être en déficit de liquide.
Quelles sont les propriétés physiques de l'eau qui intéressent le cuisinier?
L'eau est un liquide à la température normale. Au-dessous de zéro degré, elle est solide, sous forme de glace. Lorsqu'on chauffe l'eau, elle émet des vapeurs. L'eau bout environ à 100 degrés. Tant que l'eau bout, elle ne dépasse pas 100 degrés. Il est donc inutile de laisser sur un grand feu de l'eau en ébullition. Si on fait cuire un aliment dans l'eau, il faut Placer le récipient sur un feu vif. Dès que l'ébullition est commencée (ce qui se manifeste par des bulles qui se dégagent tumultueusement à la surface du liquide), il faut diminuer la flamme (si on opère sur, le gaz), de façon que les bulles d'air et de vapeur se dégagent lentement. Le liquide est à 10O degrés environ. Chauffer plus fort est une perte de combustible, car jamais le liquide n'atteindra une température supérieure.
Dans certains cas, on a besoin de concentrer un liquide. Alors, on peut placer, sur un feu très vif, le récipient qui le contient. On ne recherche pas alors a atteindre une température plus grande que 100°, mais on cherche à provoquer une évaporation rapide de l'eau. Cette évaporation sera d'autant plus rapide que la chaleur sera plus intense.

LES VITAMINES

A côté des quatre grandes classes d'aliments que nous venons de décrire, il existe une catégorie de principes encore inconnus qui sont indispensables à la vie et qui se trouvent un peu partout où existent des êtres vivants.
Les savants ont remarqué qu'un jeune animal nourri exclusivement avec des aliments chauffés à 120 degrés au moins se développe très mal et ne tarde pas à succomber. En chauffant les aliments au-dessus de 120 degrés, on détruit donc un quelque chose d'indispensable au développement des êtres vivants. Si, à la pitance ainsi dénaturée par la chaleur, on ajoute soit du beurre, soit des jaunes d'œufs, soit des végétaux frais, elle récupère ses propriétés nutritives et est suffisante pour favoriser le développement des animaux en expérience.
Ainsi donc, les tissus vivants, les produits animaux frais, les produits végétaux à l'état naturel contiennent un quelque chose d'indispensable à la vie. Ce quelque chose, ce sont les vitamines.
Mais, me direz-vous, dans l'alimentation de l'homme, on ne chauffe rien au-dessus de 120 degrés. Si, dans la friture, on cuit à 250 degrés; on laisse des pâtés pendant des heures, dans un four à 300 degrés; on donne aux nourrissons des laits, en boîtes, stérilisés à une température très élevée, etc... Que faire dans ces conditions? Ajouter aux plats ainsi préparés les vitamines détruites ou atténuées, sous la forme de jus de citron, de beurre frais, de salades. etc.
Il est maintenant de coutume de donner aux nourrisson du jusde fruits (citron, oranges, raisins), d'ajouter des rondelles de citrons aux fritures et de servir les pâtés avec de la salade.
Ces quelques lignes sur les vitamines montreront combien la perspicacité intuitive des cuisiniers est grande. En effet, on connaît l'existence des vitamines depuis quinze ans seulement, tandis que, depuis des siècles, les cuisiniers maniaient avec art le jus de citron les salades et le beurre en coquilles.

LA CLASSIFICATION CHIMIQUE ET LA RÉALITÉ

Mais..., me direz-vous, que m'importe votre classification chimique? Je n'en ai nul besoin, puisque, chez l'épicier, le fruitier ou le boucher, je n'irai pas acheter des albumines, des sels minéraux ni de l'amidon. A cela, je vous réponds que vous allez acheter de la viande, du beurre et des nouilles, et que vous ferez cuire de l'albumine, des graisses et de l'amidon. Prenez n'importe quel aliment, aussi complexe qu'il soit, il contient toujours un ou plusieurs des, quatre types d'aliments précités. La viande contient beaucoup d'albumine, de la graisse, des sels et même des sucres, Les nouilles contiennent beaucoup d'amidon, un peu d'albumine et de sels. Le beurre contient surtout des graisses, très peu d ' albumine, très peu de sels.
Prenez comme exemple un complexe culinaire comme un sandwich; vous pouvez le décomposer en albumine du jambon, amidon du pain, graisse du beurre et sel marin.
Puisque vous connaissez les propriétés des différents composants des aliments, vous pourrez comprendre ce qui se passe lorsqu'on les transformera par la cuisson.
L'adoption de la classification chimique en cuisine sine n'a donc qu'un seul but : celui de la compréhension des phénomènes qui se passent dans les aliments au cours de leur préparation culinaire, c'est à dire de leur cuisson.

LA CUISSON ET LA PRÉPARATION DES ALIMENTS

Certes, la lecture du chapitre précédent a bien simplifié vos notions sur les aliments, mais êtes-vous plus ,avancée au point de vue de vos connaissances culinaires?
Supposez pour un instant que vous n'avez jamais fait de cuisine. Vous voulez, par exemple, faire cuire un bifteck sur le gril, préparation qui, au premier abord, paraît très simple, mais dont la réussite dénote de grandes dispositions culinaires. Vous serez très embarrassée. Faut-il faire un grand feu ou un petit feu? Faut-il laisser longtemps ou peu de temps la viande sur le gril? Faut-il saler au commencement ou à la fin de l'opération? Rien ne vous guidera dans le choix de la méthode à employer.
Si sans avoir jamais fait la cuisine, vous avez lu le chapitre

précédent, vous pouvez raisonner.
Qu'est-ce qu'un bon bifteck ? C'est un morceau de viande cuit sur le gril, qui aura conservé en lui le maximum de son jus, de sa saveur. Comment conserver ce jus dans la viande? En l'emprisonnant dans une enveloppe imperméable. Comment provoquer la formation de cette enveloppe? Vous êtes capable de répondre à cette question, puisque vous savez que la viande, c'est de l'albumine. Or l'albumine coagule à la chaleur. Vous allez donc coaguler la surface albumineuse de la viande en la plaçant sur le feu. Pour que le jus ne fasse pas issue, il faut que la carapace d'albumine coagulée se fasse le plus rapidement possible. Vous allez donc employer un feu très vif... Vous allez saisir la viande. Il ne faut pas que le centre de votre morceau de viande soit trop cuit. Il ne faut pas que l'intérieur coagule. Donc, dès que la surface est cuite, vous arrêtez la cuisson. Le temps de cuisson a été déterminé, nous y reviendrons au chapitre de la grillade.
je m'arrête pour ne pas empiéter sur mon programme. Après la lecture du chapitre précédent, vous êtes apte à comprendre ce qui se passe pendant la cuisson. C'est déjà un grand pas de fait vers la dextérité culinaire.
Nous connaissons, en gros, la composition des aliments; c'est un fait. Comment allons-nous procéder pour apprendre à les faire cuire?
Nous pourrions poser quatre principes: cuisson des albumines, de l'amidon et des sucres, des graisses, des sels minéraux. Ces principes seraient inapplicables, attendu que tous les aliments que nous consommons contiennent presque toujours les quatre catégories d'éléments.
Nous pourrons aussi faire autant de formules qu'il existe d'aliments chez nos fournisseurs. Leur nombre serait infini. Rejetons donc cette. méthode. Cherchons, dans la science simple, une méthode rationnelle.
Cuire un aliment, c'est le transformer par le feu. Mais il y a plusieurs façons de présenter un aliment à l'action du feu. On peut employer

1° La cuisson à l'eau;
2° La cuisson dans un bain de graisse : friture;
3° La cuisson à feu nu : grillade, rôti;

4° La cuisson à la vapeur : étouffée.
Vous avez beau chercher, vous ne trouverez pas une seule méthode de cuisson qui ne soit pas l'une de ces quatre ou une combinaison de quelques-unes de ces quatre méthodes.
Si vous comprenez ce qui se passe dans ces quatre cas, vous saurez cuire. Mais votre science sera incomplète. Il existe, en cuisine, des artifices qui transforment la consistance des éléments fluides, des artifices qui créent une sorte de velouté... Ces artifices s'appellent : LES LIAISONS.
Quand vous aurez compris le secret des liaisons, vous entreprendrez facilement l'étude de ce qu'on appelle : LES SAUCES.
Alors vous saurez faire la cuisine. Je ne veux pas dire, par là, que vous deviendrez un grand chef cuisinier. Non. Vous saurez simplement vous tirer d'embarras, intelligemment, avec goût, avec art, dans tout ce que vous aurez à faire dans la cuisine de votre propre maison. Vous pourrez conseiller une apprentie, bonne à tout faire... Vous aplanirez ainsi bien des difficultés qui sont créées par la crise domestique que nous traversons en ce moment.
Nous allons donc apprendre la cuisine en six leçons.
Et celles-ci seront

La cuisson à l'eau,
La friture,
La grillade et le rÔti,
L'étouffée,
Les liaisons,
Les sauces.

Ces principes étant posés, nous passerons à leur, application, en préparant un certain nombre de plats simples dont l'énumération constituera la seconde partie de ce volume.

PREMIÈRE LEÇON

LA CUISSON A L'EAU

Avant de faire cuire de la viande dans de l'eau bouillante, faisons une expérience. Prenons une bonne pincée de viande de bœuf hachée et portons-la dans un verre rempli d'eau froide. Rapidement, nous verrons qu'une substance colorante rouge part de la viande pour teinter l'eau qui était incolore. Ainsi donc la viande abandonne à l'eau froide des principes colorant qui ont, bien entendu, un certain goût. La viande abandonne de son goût à l'eau.
Refaisons la même expérience en plongeant de la viande hachée dans de l'eau bouillante. Immédiatement la viande devient grise; le liquide ne se teinte plus rouge. Que s'est-il passé? L'albumine de la viande a été coagulée à la périphérie, et cette surface coagulée empêche le jus de sortir.
Que devons-nous en conclure?
1° Si nous Voulons conserver tout le jus dans un morceau de viande, en le cuisant à l'eau, il faut le plonger dans l'eau bouillante;
2° Si nous voulons qu'une certaines quantité du jus de là-viande passe dans le liquide, pour faire ce qu'on appelle un bouillon, il faudra plonger la viande dans de l'eau froide et élever lentement la température jusqu'à l'ébullition.
Puisque nous comprenons ce qui se passe au contact d'un aliment à cuire et de l'eau, passons immédiatement à la pratique. Faisons un pot-au-feu.

LE POT-AU-FEU

Prenons une marmite contenant 3 litres d'eau environ. Salons cette eau, de façon qu'elle soit agréable au goût. Dans cette eau, immergeons un kilo ou trois livres de plat de côtes de bœuf quelques os et portons le tout sur le feu. Elevons lentement la température. A un certain moment, alors que la température d'ébullition sera presque atteinte, nous verrons une croûte grisâtre monter à la surface du liquide. C'est l'écume, composée de certaines albumines abandonnées par la viande qui se sont coagulées par la chaleur. Il faut recueillir cette écume et la jeter. C'est dommage, car c'est un aliment. Mais c'est un aliment bien peu esthétique, Si nous laissions bouillir avec l'écume, celle-ci se mettrait en suspension dans le bouillon et ce dernier serait trouble.

Après avoir écumé plusieurs fois, nous assistons au début de l'ébullition. Alors, il faut ajouter des légumes (carottes, navets, un oignon, un petit chou, une branche de céleri). Cette addition de légumes a

refroidi le bouillon. On attend que l'ébullition reprenne et on règle le feu pour que le pot-au-feu frissonne ", c'est-à-dire que l'ébullition ne se manifeste que par une toute petite bulle se dégageant toutes les secondes.

On couvre le récipient et on va vaquer à ses occupations. Trois heures après, le bouillon est exquis et la viande est cuite à point.

Si vous voulez avoir un excellent bouillon et une viande médiocre, vous mettez juste assez d'eau pour couvrir la viande et vous laissez bouillir cinq heures. Vous obtenez ainsi du consommé. La viande ne peut plus servir qu'à faire un hachis.

Dans cette opération, vous avez mis à profit tout ce que vous avez appris précédemment. Vous avez extrait le maximum de ce que vous-pouviez extraire de la viande, pour votre bouillon, du fait que vous n'avez pas brusqué les choses. Tout s'est fait très doucement. Surtout n'oubliez pas de saler, car : 1° le bouillon serait insipide; 2° il serait trouble. Ce trouble est dû à certaines albumines de la viande qui passent dans l'eau non salée, tandis qu'elles ne passent pas dans l'eau salée.

LE POISSON AU COURT-BOUILLON

Tout ce qui a été dit précédemment s'applique à la cuisson des poissons au court-bouillon. Qu'est-ce qu'un court-bouillon. C'est un liquide parfumé et acide. Cette acidité est donnée soit par du vin blanc (court-bouillon de luxe), soit par un peu de vinaigre,

Faites donc une me infusion d'oignons, thym, laurier, échalotes, feuille de céleri, poivre, dans une casserole d'eau salée. Pour cela, mettez tous ces ingrédients dans l'eau froide, portez sur le feu et laissez bouillir une demi-heure. Votre court-bouillon est prêt. Il servira à faire cuire le poisson.
Faut-il tremper le poisson dans le court-bouillon froid ou chaud? Comme le liquide est acide, il coagule, par son acidité, les tissus du poisson. Vous pouvez donc immerger dans le liquide froid ou chaud.
Plongez le poisson dans le liquide froid, si vous avez affaire à des grosses pièces. Il est, en effet, très difficile de déterminer le temps de cuisson d'un poisson. Tout cela dépend de l'espèce de ce poisson. Certaines espèces sont tendres et cuisent vite, d'autres sont dures et cuisent lentement.
En immergeant la pièce dans le court-bouillon froid, on arrive empiriquement à cuire convenablement un poisson de 3 à 4 livres. Couvrez-le donc de court-bouillon froid, dans une poissonnière. Portez sur un feu moyen. Attendez l'ébullition. Diminuez alors le feu et laissez 20 minutes dans un liquide frissonnant. Sortez le poisson avec précautions et disposez-le sur un plat chauffé.
Si les poissons sont petits, on peut les plonger dans le court-bouillon bouillant. Dix minutes de cuisson par livre sont alors suffisantes.

LA CUISSON DES LÉGUMES

Les légumes sont cuits dans l'eau salée. Si vous voulez qu'ils soient fermes, plongez-les dans le liquide bouillant. Si l'eau est calcaire, ajoutez une pincée de bicarbonate de soude. Immédiatement, haricots verts et choux de Bruxelles prendront une belle couleur verte.
Goûter de temps à autre et vous constaterez que les légumes sont cuits à point, vous les jetez sur une passoire. Alors, jetez sur vos légumes une casserole d'eau froide. Vous leur conserverez ainsi leur couleur verte.
Vous ferez cuire ainsi pommes de terre, carottes, navets, haricots verts, épinards, choux, choux de Bruxelles, etc...
Cette méthode n'est pas la méthode de choix pour la

cuisson des légumes, car, en éliminant l'eau de cuisson, on jette une grande partie des produits nutritifs et parfumés des légumes. On peut, il est vrai, au lieu de jeter cette eau, en faire un fond de potage.
Les légumes tels que choux, navets, carottes sont meilleurs cuits à l'étouffée. Il n'y a alors rien de perdu.
La cuisson à l'eau n'est pas, comme on se l'imagine, un procédé ne s'appliquant qu'au pot-au-feu et à quelques légumes. On peut faire cuire dans l'eau des viandes qu'on sert saignantes. Ainsi un gigot bouilli et laissé dans le bain un quart d'heure par livre est une pièce saignante exquise. Du faux-filet de bœuf bouilli un quart d'heure par livre est un véritable régal. C'est le bœuf à la ficelle".

DEUXIEME LEÇON

LA FRITURE

Faire frire un aliment, c'est le plonger dans un bain de graisse fondue, chauffée à la température maximum, c'est à dire chauffée à la limite de sa décomposition.
Nous savons que cette température est obtenue lorsque la graisse commence à émettre des vapeurs, des fumées.

Les graisses à employer sont nombreuses
Graisse de rognons de bœuf,
Graisse de porc ou saindoux,
Huile d'olive,
Huile d'arachide ou huile blanche.

La graisse de rognons de bœuf est la friture de choix. Elle est relativement peu chère et peut être employée pour les fritures qui doivent accompagner les viandes : pommes de terre frites, salsifis, oseille frits, épinards frits, etc...
Mélangée à parties égales avec de l'huile d'arachide, elle constitue une excellente friture pour les poisons.
Pour préparer la graisse de bœuf pour la friture, achetez 2 kilos de belle graisse de rognons. Coupez-la en gros dés; placez ces derniers dans une cocotte de fonte avec un demi-verre d'eau froide. Portez le récipient sur un feu moyen et attendez la fonte. Rapidement, la graisse se liquéfie. Avec une louche, vous la recueillez et la versez dans un pot en terre surmonté d'un tamis fin. Au fur et à mesure de la fonte, vous enlevez la graisse fondue. A la fin de l'opération, vous exprimez ce qui reste dans les morceaux en appuyant avec une cuillère à écumer. N'insistez pas trop, car, à la longue, les morceaux prennent un goût un peu fort qui se communique à toute la friture. Laissez figer et employez au moment voulu.
La première fois, la friture mousse beaucoup, à cause de l'eau qu'elle contient. Chauffez-la donc avec circonspection.
Après deux opérations, la friture est " faite ". Elle peut servir très longtemps.

Le saindoux est la friture de choix pour les beignets aux pommes, les beignets soufflés, les fritures sucrées. C'est une friture exquise, mais elle est chère.
Préparez votre saindoux vous-même, en partant de la panne de porc. Procédez comme pour la graisse de rognons de bœuf.
Pour les fritures communes, la graisse de bœuf est préférable.
L'huile d'olive est-elle une bonne friture? Cela dépend des goûts. En tout cas, elle est très chère et donne aux aliments frits un goût très prononcé. Ne l'employez que pour les poissons, et encore très rarement.
L'huile d'arachide est moins chère, elle répond davantage au goût général, elle est excellente pour toutes les fritures.
En résumé. - Pour les pommes de terre et différents légumes : graisse de bœuf. Pour les fritures sucrées : saindoux. Pour les poissons : mélange à parties égales de graisse de bœuf et d'huile blanche.
Comment faire une friture?
1° Employer 2 kilos de graisse et un grand récipient de fer ou de fonte. La graisse ne doit occuper que la moitié du récipient;
2° Chauffer la graisse jusqu'à émission de fumée ;
3° Y jeter avec précaution les aliments à frire très sec, bien essuyés ;
4° Attendre qu'ils soient presque cuits. On le juge en les goûtant; plus tard par habitude. (Ils ne sont pas encore croustillants.) Les retirer alors de la graisse avec une cuillère à claire-voie spéciale ou à l'aide du panier de fil de fer qui se trouve dans les bassines à friture;
5° Réchauffer la graisse jusqu'à ce qu'elle fume très franchement;
6° Replonger les aliments à frire et attendre qu'ils deviennent croustillants.
Bien entendu, il faut que ces aliments ne soient pas les uns contre les autres dans la graisse. Il faut qu'ils puissent flotter librement.
Ainsi vous ferez d'exquises pommes frites, des topinambours frits coupés en rondelles, etc...
Pour faire frire dès aliments qu'on peut difficilement dessécher, il faut les rouler préalablement dans la farine.

On peut aussi les tremper dans une pâte à friture. Il existe beaucoup de formules de pâte à friture. En voici une excellente

Un oeuf,

Huile : une cuillère à café,

Farine : 100 grammes,

Sel : quelques pincées,

Bière : quantité suffisante pour faire une pâte liquide qui adhère facilement aux aliments à frire.

Les poissons seront roulés dans la farine avant la friture.

Les salsifis seront trempés dans la pâte légère.

Quant aux beignets aux pommes, on les enveloppera d'une pâte plus épaisse, sur laquelle on reviendra au chapitre spécial des beignets.

Seuls les aliments de petite dimension peuvent être frits. On comprend aisément que des aliments assez volumineux seraient, dans la graisse surchauffée, brûlés à leur surface avant d'être cuits à l'intérieur.

Pour les fritures, ayez un récipient spécial de grande dimension et renfermant un panier de fil de fer mobile. Toutes les manipulations vous seront facilitées et vous éviterez ainsi de répandre des gouttelettes de graisse qui salissent la cuisinière et les vêtements.

Nous reviendrons sur chaque technique spéciale au moment de l'étude de chaque friture : pommes frites, pommes soufflées, pommes pailles, oseille frite, etc...

TROISIEME LEÇON

LA GRILLADE ET LE ROTI

Définissons tout d'abord ces deux mots.
Griller un morceau de viande, c'est le placer sur un gril. On pose alors le gril au-dessus du feu et on attend.
Rôtir une viande, c'est la Placer soit dans une enceinte chaude (rôti au four et rôti à la cocotte), soit devant un foyer en ignition (rôti à la
broche, rôti au four à' gaz à rampe chauffante supérieure.
Il existe donc une très grande différence entre la grillade et le rôti. La grillade s'imprègne de ce qui se dégage du combustible : ce qui fait dire aux gourmets que les meilleures grillades sont faites aux sarments de vignes. Le rôti, au contraire, ne prend pas le goût de ce qui se dégage du combustible.

LA GRILLADE

En général, On ne fait griller que de la viande ou des poissons. On peut cependant faire griller de gros cèpes, de gros champignons roses ; c'est exquis.
Pour qu'une viande soit bien grillée, il faut qu'elle n'ait pas perdu de son jus pendant la cuisson. Pour cela, il a fallu coaguler vivement la surface pour faire une coque imperméable aux liquides. Il faut provoquer la formation de cette coque le plus rapidement possible, pour fermer toute issue. Il faut do-ne coaguler rapidement. Il faut saisir la viande par le feu. Il faut faire un feu très vif. C'est là le secret d'une bonne grillade.
Il faut, de plus, que le morceau soit assez gros pour que, pendant le temps de la cuisson extérieure, l'intérieur ne se cuise pas trop. Il faut que le morceau ne soit pas trop gros, autrement la surface aurait le temps de brûler avant que l'intérieur ne cuise.
Donc, faites griller des côtelettes et des biftecks dont le poids ne doit jamais être inférieur à 150 gr. et jamais

supérieur à 750 grammes.
Pour que la viande n'adhère pas au gril chaud, il faut l'enduire, à l'aide d'un pinceau, soit d'huile, soit de beurre fondu et clarifié, c'est-à-dire de beurre qu'on aura laissé pendant une bonne heure sur un tout petit feu. Ce beurre a abandonné par coagulation le peu d'albumine qu'il contenait et ainsi il brûle beaucoup moins facilement.
Faisons, par exemple, griller un entrecôte de 500 grammes.
Nous avons des braises ou du charbon de bois brûlant à pleine flamme. Sur ce feu, nous posons le gril. Il faut que le gril ne soit pas plus large que le foyer. Autrement, on risque de cuire le milieu de l'entrecôte et laisser le pourtour tout à fait cru. On pose donc le gril sur le feu et on l'y laisse cinq minutes pour qu'il s'échauffe convenablement.
Pendant ce temps, à l'aide d'un pinceau (que l'on conserve une fois pour toutes pour cet usage), on badigeonne l'entrecôte avec de l'huile blanche ou, ce qui est beaucoup mieux, avec du beurre fondu et clarifié.
On pose la viande sur le gril. Elle commence à cuire à sa face inférieure. Au bout de cinq minutes, on voit sourdre à la face supérieure des gouttelettes de sang. C'est le moment de retourner l'entrecôte pour
présenter au feu l'autre face. On attend encore cinq ou six minutes. La pièce est prête. On n'a plus qu'à saler et servir.
Combien de temps faut-il laisser l'entrecôte, en tout, sur le feu? En général, on dit qu'il faut un quart d'heure de cuisson par livre de viande. C'est trop pour les petites pièces. Dix à douze minutes suffisent tout à fait ; à moins qu'on ne veuille servir une viande non saignante.
La même technique sera applicable à toutes les fritures : côtelettes de mouton, de veau, de porc. Ces deux dernières doivent être grillées plus longtemps, car on ne les sert pas saignantes. Aussi vaut-il beaucoup mieux les faire à la poêle.
Les poissons seront grillés de la même façon.
En un mot, il faut avoir un feu très vif, un gril très propre et des pièces à griller ne dépassant pas 600 à 700 grammes, bien graissées à l'huile ou au beurre clarifié.

LE ROTI

Rôtir un morceau de viande, c'est l'exposer à une température élevée, soit sur une broche chauffée latéralement, soit dans un four, soit dans une cocotte de parois très épaisses.

Les mêmes lois de cuisson vont régir le rôti et la grillade.

Dans les deux cas, il faut saisir la viande, c'est à dire la présenter à une source de chaleur intense. Il faut saisir très rapidement, donc à feu vif.

Tandis que la grillade ne s'applique qu'aux aliments de petite dimension, le rôti est une technique qui se prête à la cuisson de très grosses pièces

filets, poulardes, dindes, etc...

Autrefois, on faisait toujours cuire les rôtis à la broche. Cet instrument devient de plus en plus rare. On fait, aujourd'hui, le plus souvent rôtir au four pour les grosses pièces et en cocotte pour les pièces plus petit : pigeons, perdrix, petits rôtit de veau ou de bœuf pesant de deux à trois livres.

Le rôti au four. - Faisons, par exemple, cuire un rosbif de deux kilos au four. Avant tout, vérifiez le poids de votre viande. Chauffez votre four à blanc. Si c'est un four à gaz, laissez le allumé vingt minutes avant de vous en servir. Badigeonnez copieusement la viande (bardée de lard sur un de ses cotés) avec des morceaux de beurre, posez-la dans un plat creux et

portez-la au four. Attendez cinq à six minutes. Ouvrez le four pour voir ce qui se passe. La viande devient grisâtre, le beurre est fondu. Il a coulé dans le plat. Refermez le four et attendez cinq à six minutes encore. Ouvrez, la viande a pris une belle couleur dorée. Retournez-la, de façon que là face inférieure, puisse se dorer à son tour.

Le beurre du plat s'est accru de la graisse qui s'écoule du rôti et du Lard.

Refermez le four. Après dix minutes, vous vérifiez que toute la surface est dorée. Vous salez alors le rôti avec du sel fin. A partir de ce moment, il faut arroser toutes les cinq minutes le rôti avec la graisse du plat. Servez-vous pour cela d'une cuillère à longue queue, pour ne pas vous brûler les doigts.

Cet arrosage du rôti est obligatoire. Autrement, il brûle en surface avant que le centre ne soit cuit.
Laissez le rôti au four un temps que vous calculez exactement : un quart d'heure par livre. Il faut, pour cela, que la viande pèse 4 livres au moins. Autrement, diminuez un petit peu le temps de cuisson.
Dix minutes avant de servir, ajoutez dans le plat d'eau chaude ou mieux de bouillon. Arrosez alors avec le mélange d'eau et de graisse. Vous obtiendrez ainsi un jus que vous servirez avec la viande.
Le rôti en cocotte. - Tout ce qui a été dît précédemment s'applique au rôti en cocotte. On emploie ce procédé pour des pièces plus petites. Il faut avoir un feu très vif, une cocotte en fonte épaisse. Il faut y déposer du beurre, du lard ou une graisse quelconque. Lorsque la graisse fume, on introduit la viande dans la cocotte. Supposons que vous avez affaire à un petit poulet. Vous l'avez acheté tout plumé, tout troussé, c'est à dire lié convenablement avec une ficelle. Sur le beurre fumant, vous placez le petit poulet. Il se dore rapidement à sa face inférieure; vous le retournez. alors. Lorsqu'il est doré sur toute sa surface, vous baissez le feu, vous salez et ajoutez un tout petit peu d'eau (un quart de verre, par exemple). Vous laissez cuire à petit feu. Vous n'arrosez pas, mais vous retournez la pièce toutes les cinq à six minutes. Pour faire cuire un poulet moyen, il faut trois quarts d'heure à une heure.
Pour un petit rosbif, vous calculerez douze minutes par livre de viande.
Ne couvrez jamais la cocotte, car la viande finirait par cuire à la vapeur et se ramollirait.
Vous êtes devenue Madame, un rôtisseur expérimenté.

QUATRIEME LEÇON

L'ÉTOUFFÉE

Cuire un morceau de viande à l'étouffée revient à le cuire à l'abri de l'air. Ce qui veut dire cuire dans un récipient fermé avec un couvercle.
Or dans un récipient fermé avec un couvercle, il y une accumulation de vapeur d'eau. De plus, si le couvercle est assez lourd, cette vapeur se trouve à une pression un peu élevée et, par suite, à une température aussi un peu plus élevée que 100°.
Cuire un aliment à l'étouffée revient donc à le faire cuire, à l'abri de l'air, à la vapeur surchauffée.
Pour engendrer cette vapeur, il faut mettre dans le récipient un liquide quelconque, de l'eau, du vin, du cidre, etc... Si ce liquide est très parfumé par lui même, ou par les aromates qu'on lui ajoute, les vapeurs seront aussi parfumées et toutes les senteurs du liquide imprégneront ainsi la viande ou les légumes qui cuisent. Ils n'en seront donc que meilleurs.
En général, pour que les aliments cuits à l'étouffée soient meilleurs, pour qu'ils ressemblent moins à des aliments bouillis, on commence par les faire frire légèrement dans la graisse ou le beurre. On fait revenir la viande.
Quels aliments peut-on cuire à l'étouffée? Tous les aliments qui, par eux-mêmes, sont un peu résistants à la dent. Ainsi les viandes un peu fermes devront être cuites à l'étouffée, car, rôties ou grillées, elles seraient très dures.
Comment se fait-il que ces viandes dures deviennent tendres au cours de leur cuisson à l'étouffée?
Parce que la cuisson à l'étouffée dure des heures et des heures. Il faut au moins quatre heures pour faire un bœuf mode ou une daube. Si ces plats nationaux français cuisent six heures, ils n'en sont que meilleurs.
Pendant cette longue cuisson, la viande subit une véritable digestion. Tous les tissus se ramollissent; les produits sapides de la viande suintent et constituent un jus

parfumé. Ainsi se fait la cuisson à l'étouffée.
Pour confectionner une daube, comment allez-vous faire?
Vous prenez deux ou trois livres de viande de bœuf. Prenez des morceaux bon marché; ce que l'on sert en général pour le bœuf mode. Le gîte à la noix est très bon, quoique un peu sec. La macreuse vaut mieux. Faites-le piquer de lard et envelopper sur la tranche par une barde de lard gras.
Dans une cocotte de fonte, faites fumer un bon morceau de beurre. Placez alors le morceau de viande dans le récipient. Le beurre crépite. Attendez cinq ou six minutes. Retournez la viande. Faites-la se dorer de tous les côtés, y compris les faces bardées de lard.
Lorsque la viande a belle couleur, vous ajoutez dans la cocotte trois gros oignons coupés en quatre. Ils cuisent, se séparent en lames. Celles-ci commencent à se dorer.
Ajoutez alors des os de veau, un demi-pied de veau, carotte moyenne coupée en rondelles très minces. Salez, épicez avec un peu de muscade, de poivre et une gousse d'ail épluchée piquée d'un clou de girofle.
Versez dans la cocotte une demi-bouteille de bon vin rouge. Lorsque le vin commence à bouillir, couvrez le récipient et baissez le feu. Laissez mijoter quatre heure au moins. Mieux vaut cinq heures.
Vous obtiendrez un plat exquis que vous servirez après avoir enlevé les os.
Bien entendu, de temps à autre, vous soulevez le couvercle, vous vérifiez si le liquide est en ébullition, et si il est suffisant. Si l'évaporation avait diminué par trop le volume du vin, vous en ajouteriez un petit peu.
On peut, par cette méthode, faire cuire non seulement de la viande, mais encore du poisson, des légumes.
Jamais carottes, navets et même pomme de terre ne sont aussi savoureux que ceux qui sont cuits à l'étouffée.

CINQUIEME LEÇON

LES LIAISONS

Nous avons vu qu'au cours de la cuisson d'un morceau de viande à l'étouffée, on assiste à la naissance d'un jus parfumé. Ce jus, bien entendu, doit être servi avec la viande qui l'a engendré. Ce jus est tout ce qui est sorti de la viande.
On voit combien ce mode de cuisson est différent de la grillade ou du rôti, préparations pendant lesquelles on s'était efforcé d'emprisonner le jus pour le voir s'écouler au moment où l'on découpe le bifteck ou le rosbif.
Le jus de la viande à l'étouffée est un jus fluide. Bien des personnes préfèrent les jus qui offrent un certain velouté. une certaine consistance. On obtient cette dernière par une méthode culinaire qui a pour nom la liaison.
Lier un jus ou tout autre liquide, un potage par exemple, c'est lui conférer une onctuosité qu'il n'avait pas. On obtient cette consistance par l'addition soit d'amidon, soit de jaune d'œuf.

LA LIAISON A L'AMIDON

On a vu, dès le début de ce petit livre, au chapitre de la constitution des aliments, que la farine de céréales contient une substance qui s'appelle l'amidon. Nous avons insisté sur les propriétés de l'amidon, et en particulier en ce qu'il se transforme en empois, lorsqu'il est chauffé dans de l'eau. Je reviens sur ce fait. Prenez de la farine, délayez-la dans un peu d'eau. Portez sur le feu en remuant tout le temps avec un fouet de fil de fer. Rapidement, vous obtiendrez une gelée transparente. C'est de la colle, me direz-vous. C'est de l'empois, me diront les chimistes.
Si je mets beaucoup de farine et très peu d'eau, j'obtiendrai une colle épaisse. Si je mets peu de farine et beaucoup d'eau, j obtiendrai un liquide visqueux. Je puis avoir tous les intermédiaires entre ces deux états de mon

empois.
Il vous vient immédiatement à l'idée que, pour lier un jus, un potage quelconque, nous n'avons qu'à lui ajouter de la farine. C'est juste. Seulement, il faut le faire en suivant une certaine technique.
Si dans un liquide en ébullition vous jetez de la farine, celle-ci se rassemblera immédiatement en une masse grumeleuse. L'empois se fera instantanément, avant qu'on ait eu le temps matériel de disperser la farine dans le jus. Il faut donc, si on veut réussir, délayer la farine à froid et élever lentement la température, en remuant tout le temps la masse avec un fouet de fil de fer.
C'est une Méthode, c'est vrai, mais elle n'est pas la meilleure. On peut le faire uniquement si on emploie des fécules très pures. En réalité, en ne procède jamais comme cela, car le résultat est une liaison qui conserve un goût de colle assez désagréable.
En général, on commence par faire un roux.
Qu'est-ce donc qu'un roux? Un roux est de la farine plus ou plus transformée par la chaleur en présence d'un corps gras. La masse ainsi obtenue est ensuite délayée dans un liquide. On dit, en cuisine, qu'on mouille le roux.
Le roux une fois mouillé, on le laisse cuire. Alors la farine se transforme en empois.
La première phase de cette triple opération se fait de la façon suivante :
Dans un récipient de parois assez épaisses, on porte un morceau de beurre gros comme une forte noix. On met le tout sur le feu. Dès que le beurre est fondu, on ajoute deux bonne cuillères de farine. On tourne rapidement la masse. Il se forme une espèce de mastic jaune paille. C'est le roux blanc
Si on attend plus longtemps, le roux blanc prend de la couleur, il devient d'une belle couleur d'or. C'est le roux blond.
Si on attend encore (en remuant toujours la masse), le roux blond prend une couleur acajou. C'est le roux foncé.
En mouillant le roux blanc avec un liquide quelconque, on obtient une sauce blanche.
En mouillant le roux blond et le roux foncé avec un liquide quelconque, on obtient une sauce brune.

Pour avoir un beau roux foncé, on commence par chauffer le beurre jusqu'à ce qu'il commence à brunir légèrement. On y jette alors un oignon finement coupé. Celui-ci, rapidement, devient d'une belle couleur dorée, puis acajou. Ce n'est qu'alors qu'on ajoute la farine. Cette dernière se colore alors beaucoup plus rapidement. On finit la sauce en mouillant avec un liquide quelconque.
Comment mouiller un roux? Si on lui ajoute brusquement un liquide chaud, on obtient une masse de farine cuite, comme de la colle. C'est une méthode défectueuse.
Il faut mouiller en ajoutant petit à petit le liquide froid. On chauffe à mesure la masse, celle-ci épaissit. On rajoute du liquide tant qu'on n'a pas obtenu, au moment de l'ébullition, la consistance voulue.
La liaison étant faite, on n'a plus qu'à laisser cuire un bon quart d'heure. Pendant ce temps, l'amidon de la farine se transforme en empois, et le liquide épaissit encore. On peut l'allonger tant soit peu au moment de servir.
Ainsi donc, c'est une loi générale, pour lier un liquide, on fait toujours un roux plus ou moins foncé, on le mouille avec le liquide en question et on le laisse cuire un quart d'heure. Le liquide peut être soit un potage, soit un jus, soit une sauce quelconque.
Pour lier la sauce d'un ragoût, en se sert d'un procédé, en apparence un peu différent.
On fait revenir la viande dans de la graisse ou du beurre, avec des oignons. Une fois la viande bien colorée, on la saupoudre de farine, on remue le tout et on laisse la farine se colorer sur le feu. En cuisine, cette opération s'appelle singer la viande. On mouille alors avec de l'eau froide ou du bouillon froid. On fait bouillir et on finit la cuisson à petit feu.
Il existe encore une façon très employée pour lier un jus ou des liquides quelconques, surtout si ces derniers ne sont pas très gras par eux-mêmes. C'est de leur ajouter du beurre manié ou de la crème maniée.
Pour manier du beurre, on fait une sorte de pommade avec du beurre et un peu de farine. Pour manier de la crème, on fait de même une masse composée de crème épaisse et d'un peu de farine.
Pour opérer la liaison, on ajoute dans le liquide très chaud,

morceau par morceau, le beurre manié, ou à la cuillère la crème maniée. Une fois l'addition terminée, on donne un bouillon et on sert.
Telles sont les règles de la liaison à la farine, c'est-à-dire à l'amidon.

LA LIAISON A L'OEUF

La farine n'est pas la seule substance qui, ajoutée à un liquide, lui confère une certaine onctuosité à la chaleur. Nous savons que le jaune d'œuf épaissit, et même durcit, à la cuisson.
Si donc on ajoute des Jaunes d'œufs à un liquide, celui-ci épaissira au feu.
Mais tandis que la technique de la liaison à la farine est simple, celle de la liaison à l'œuf est plus délicate. En effet, il faut chauffer jusqu'à épaississement jaune et non jusqu'à durcissement, c'est-à-dire jusqu'à sa coagulation.
il faut donc, en chauffant le liquide dans lequel on a émulsionné le jaune d'œuf, bien faire attention à ne pas le faire bouillir. Sans quoi, le jaune coagule et la tourne.
Cette loi étant bien posée, avec un peu d'attention on arrive à réussir toutes ses liaisons à l'œuf. Il suffit d'observer le liquide et de le tourner tout le temps avec un fouet métallique. On s'aperçoit très rapidement de l'épaississement par une sensation, une résistance spéciales communiquées à la main par le fouet métallique.

L'application directe des liaisons est la confection des sauces.

SIXIEME LEÇON

LES SAUCES

Les sauces sont des préparations semi-fluides, semi-pateuses que l'on sert avec différents mets pour en augmenter le charme gastronomique.

La sauce la plus simple serait le jus, si on lui donnait, par évaporation, une consistance sirupeuse. Elle prend alors, non pas le nom de sauce, mais de glace de viande. En effet, par refroidissement, cette dernière présente l'aspect vitreux d'une gelée.

Pour obtenir une sauce ayant de la consistance, on n'a qu'à choisir un des deux procédés décrits dans le chapitre précédent : liaison à l'amidon, liaison à l'œuf.

Nous verrons plus loin qu'on peut obtenir quelque fois des sauces liées à l'œuf sans le secours de la chaleur ; ce sont les sauces émulsionnées à froid, dont le type est la mayonnaise.

En suivant l'ordre adopté pour la description des liaisons, nous allons passer en revue les différentes sauces, sans trop insister sur la technique à employer pour les obtenir. Celle-ci a été déjà développée dans le chapitre précédent. Elle le sera encore une fois au chapitre spécialement consacré à chaque sauce.

LES SAUCES AU ROUX BLANC

Lorsqu'on mouille un roux blanc à l'eau, on obtient : La sauce blanche. Elle a peu de goût, aussi faut-il la remonter par des additions telles que des épices, du jus de citron, ou tout simplement du beurre frais qu'on y laisse fondre.

La sauce Béchamel est un roux blanc mouillé avec du lait. On peut la relever par un peu de poivre ou de muscade. Il faut éviter d'y ajouter du jus de citron ou du vinaigre, car les acides font coaguler le lait et font tourner la sauce.

La sauce poulette est-une sauce blanche, à laquelle, on a ajouté des jaunes d'œufs. C'est, en somme, une double

liaison. Il faut éviter de faire bouillir la sauce poulette, car les jaunes peuvent tourner, quoiqu'ils soient bien protégés par la présence de la farine.
La sauce normande, ou du moins une variété de sauce normande, peut être constituée par de la sauce blanche à laquelle on ajoute une bonne quantité de crème épaisse.
On peut aussi en obtenir une autre variété, en réduisant à grand feu, par évaporation, des déchets de ,poissons, puis en liant ce liquide, qui s'appelle un coulis, avec de la crème maniée.
On peut imaginer toute une série de sauces en partant d'un roux blanc, en ajoutant divers éléments tels que crevettes, écrevisses, oignons, poivres exotiques: paprika, curry, etc...
Chacun est libre de créer des sauces en suivant son propre instinct.

LES SAUCES AU ROUX FONCÉ

Comme nous l'avons vu au chapitre des liaisons, pour faire un roux foncé, il est préférable de faire tout d'abord dorer de l'oignon dans du beurre ou une graisse choisie, d'ajouter ensuite la farine et de mouiller avec un liquide.
La sauce piquante est le prototype d'une sauce au roux foncé.
On peut la mouiller avec de l'eau ou du bouillon, puis l'acidifier avec du vinaigre de bonne qualité. On peut l'agrémenter de cornichons coupés en dés et de petits oignons marinés au vinaigre.
Cette sauce est beaucoup meilleure si on la mouille au vin blanc. Il faut alors la laisser cuire jusqu'au moment où elle a perdu le goût dur du vin blanc, surtout si celui-ci n'est pas un vin de race.
La sauce madère. Pour préparer une sauce madère, on confectionne un roux foncé, on le mouille avec du vin blanc, en laissant la sauce un peu épaisse. On laisse sur le feu après avoir salé et épicé légèrement. Lorsque le vin a perdu un peu de son goût astringent, on passe la sauce pour éliminer l'oignon. On ajoute du madère, des champignons, on laisse cuire un quart d'heure. Pour corser la sauce, on peut lui ajoute un peu d'extrait ou de glace de

viande.
La sauce au vin rouge. C'est aussi une sauce à fond de roux foncé. On mouille le roux foncé avec du vin rouge. On laisse cuire une bonne heure.
C'est la sauce de tous les civets, à condition qu'on lui ajoute un peu de sang, une minute avant de retirer du feu.
On peut aussi faire varier les sauces à base de roux foncé, en faisant varier le liquide de mouillement et les épices.

LES SAUCES ÉMULSIONNEES A CHAUD

Au chapitre des liaisons, nous avons vu qu'on pouvait lier un liquide en lui ajoutant des jaunes d'œufs et en chauffant jusqu'à un certain point.
Pour réussir une telle liaison, il faut répartir le jaune le mieux possible dans le liquide. Il existe des sauces dans lesquelles le jaune est divisé en un nombre infini de petites particules. On dit alors que le jaune est émulsionné.
Le jaune s'émulsionne parce que c'est un corps gras. Tous les corps gras peuvent, dans certaines conditions, s'émulsionner.
On arrive ainsi à émulsionner en même temps du beurre et du jaune d'œuf, à la faveur d'une très petite quantité d'eau. Cette préparation s'appelle la sauce hollandaise.
La sauce hollandaise. Pour la préparer on met dans une petite casserole une cuillère à soupe d'eau froide et quatre jaunes d'œufs. On sale et on porte au bain-marie. Alors petit à petit on ajoute, morceau par morceau, une demi-livre de beurre, en tournant continuellement la masse. On obtient une émulsion de jaunes d'œufs et de beurre, Cette émulsion subit un début de coagulation et la sauce s'épaissit. Nous verrons, au chapitre spécial de la sauce hollandaise, quelles sont les chances de réussite et d'échec de la préparation.
La sauce béarnaise est analogue à la précédente, seulement, au lieu d'employer de l'eau, on se sert d'une réduction d'échalotes dans du vinaigre.
Ces deux sauces sont les types les plus purs de sauces émulsionnées à chaud.

LES SAUCES EMULSIONNEES A FROID

Le type de ces sauces est la sauce mayonnaise. C'est une division à l'infini de petites particules d'huile et de jaune d'œuf. On opère à la température de la cuisine et la consistance crémeuse est due uniquement à la constitution physique de la préparation.
Nous insisterons sur la confection de cette sauce au chapitre spécial. La mayonnaise a comme dérivés : les sauces rémoullade, tartare, l'ailloli, etc...
Ici se termine l'exposé des six principes de-cuisson et préparation des aliments.
La confection des plats les plus compliqués revient toujours à l'application d'un ou de plusieurs de ces six principes.
Dans les chapitres qui vont suivre, on trouvera la technique de la préparation de plats très simples. Pour la cuisine un peu plus compliquée, il suffit de consulter le Code de la bonne chère.

L'EMPLOI DU FEU
POUR LA PREPARATION DES ALIMENTS

Faut-il manger cru ? - Faut-il manger cuit ?
Telle est la question qui fut posée il y a un an au monde savant. Un petit nombre de physiologistes répondirent qu'il faut manger cru, car, en cuisant les aliments, on tue des principes essentiels, les vitamines en particulier.
La majorité des savants répondirent qu'il faut faire cuire les aliments. car l'homme les fait cuire depuis qu'il a découvert le feu. Il est aisé, d'autre part, de constituer ses menus de façon à y introduire un certain nombre de principes crus sous la forme de salades, fruits, beurre fondu à la chaleur du plat, crème. etc...
Il faut employer le feu, car l'homme est, à première vue, "un animal qui fait cuire ses aliments". Par ce fait même, il se distingue de tous les animaux. Grâce au feu, l'homme a pu créer une infinité de préparations différentes. Grâce au feu, il a créé un art : la Gastronomie.
Il faudrait remonter le courant de toutes les civilisations pour prôner l'abolition du feu dans la préparation de nos repas quotidiens. Certes, les arguments employés par les crudivoristes sont basés sur une science indiscutable, mais je ne crois pas qu'ils soient convaincants.
Sous quelle forme employer le feu, dans l'état actuel de notre civilisation ?
Sans être aussi embarrassante que la précédente, cette question se heurte aussi à des préjugés, des habitudes qu'il est difficile de vaincre.
La majorité des cuisiniers répondra en disant que, seul, le fourneau à charbon de terre est l'instrument sur lequel on tait commodément la cuisine.
La ménagère âgée avancera qu'il n'est pas de bonne cuisine qui ne soit faite ait charbon de bois.
Cependant, dans grandes villes. dans touts les centres qui possèdent Une usine où l'on distille la houille, le combustible qui a détrôné tous les autres est le gaz.
Le gaz permet d'avoir une flamme réglable à volonté. Le

gaz en veilleuse, permet de cuire les aliments à petit feu, lentement. A toute flambée, le gaz donne une chaleur égale à celle du fourneau à charbon de terre le plus puissant. A Paris, on voit la rampe à gaz, aussi bien dans la cuisine la plus humble, que dans celle des traiteurs les plus réputés.

Quelles sont donc les causes du succès de ce combustible. Elles sont nombreuses. Avant tout, la propreté. Avec le gaz, on évite la manipulation du charbon. Le combustible est amené, automatiquement, devant l'allumette qui doit l'enflammer.

L'allumage est facile, instantané. C'est là encore une commodité.

Un des avantages essentiels du gaz est l'économie. Grâce à la manipulation simple de quelques robinets, on arrive à n'employer que la quantité de chaleur uniquement indispensable pour le résultat que l'on désire obtenir. Il n'y a aucune déperdition de chaleur.

L'utilisation de la cuisinière à charbon de terre est difficile pour la femme moderne. De nos jours, à cause de la crise domestique, toute femme est appelée à faire, au moins par intermittence, sa cuisine elle-même. Elle doit donc paraître en même temps au salon et à la cuisine. Elle ne peut le faire que si là source de chaleur qu'elle emploie ne crée pas, autour d'elle, une atmosphère intenable, qui fatigue, déprime et fait transpirer.

Telles sont les raisons pour lesquelles la femme moderne rejette la houille et adopte le gaz comme combustible chaque fois qu elle peut le faire.

Sur un fourneau à gaz bien conditionné, on peut faire cuire trois plats, tout en se servant d'un four qu'on transforme à volonté en rôtissoire, en grilloir ou en four à pâtisserie.

Jusqu'à nouvel ordre, la cuisine au gaz est celle du progrès.

APPLICATION DES SIX PRINCIPES FONDAMENTAUX DE LA CUISINE A LA CONFECTION DE QUELQUES PLATS SIMPLES

QUELQUES SOUPES ET POTAGES

POT-AU-FEU

Pour faire un bon pot-au-feu, il faut avant tout choisir le morceau de viande qui répond à vos désirs.
Aimez vous la viande maigre? Achetez de la tranche à pot-au-feu. Aimez-vous la viande entrelardée? Achetez du plat de côte maigre. Aimez-vous la viande grasse? Achetez de la grosse poitrine. Dans n'importe quel cas, il faut au moins un kilo de viande pour faire un petit pot-au-feu pour deux à trois personnes.
Achetez en même temps une livre et demie de carottes et navets assortis, quelques poireaux, un oignon, et même, si vous n'avez rien contre, un petit chou.
Dans une grande marmite, mettez la viande et quelques os. Couvrez le tout d'eau froide. Salez et portez sur un petit feu. Laissez monter la température. Dès que celle-ci se rapproche du point d'ébullition, vous écumez très soigneusement. Lorsque le liquide bout, vous mettez les légumes grattés et épluchés.
L'ébullition se rétablit, vous écumez encore. Vous couvrez et laissez, sur un tout petit feu, frissonner le, pot-au-feu.
Après trois heures, le bouillon est déjà très respectable et la viande cuite à point.
Vous pouvez, au détriment de la saveur de la viande, augmenter celle du bouillon, en prolongeant l'ébullition. Cependant, toujours en trois heures et demie, vous obtenez le résultat rêvé. Colorez le bouillon avec un produit commercial quelconque ou du caramel. Ne le dégraissez pas trop avant de le servir. En famille, le bouillon doit toujours avoir de bons grands yeux... Au restaurant, le bouillon est toujours dégraissé. Respectez les traditions.

Servez donc ce bouillon gras avec des croûtons (le pain que vous avez desséchés au four. Faites circuler en même temps du parmesan râpé dans un ravier.
Quant à la viande, elle fera la joie de tous. si vous la servez flanquée de ses légumes. Le chou fera les frais de la suite du repas.
Un morceau de fromage, un fruit et vous vous lèverez de table nourris, légers et satisfaits.
Dans les restaurants, on ne sert jamais le pot-au-feu. Le bouillon est beaucoup plus corsé, plus réduit, plus riche., Il prend le nom de consommé. C'est une préparation qui apparaît rarement sur la table, en famille.

POTAGES A LA SEMOULE, AUX PATES

En général, il reste du bouillon pour le lendemain. Celui-ci se présente alors sous l'aspect d'un liquide clair, recouvert par une couche de graisse figée. On peut le réchauffer tel quel et le resservir encore avec des croûtons. On peut aussi le présenter sous une autre forme, agrémenté de pâtes ou de semoule.
Pour un tel usage, il vaut mieux le dégraisser presque totalement; autrement, les pâtes qu'on y fera cuire s'imbiberont de graisse et acquerront Un goût tant soit peu désagréable.
Dégraissez donc le bouillon lorsqu'il est froid. Rien de plus simple. Avec une écumoire, vous enlevez la couche de graisse figée. Laissez-en un tout petit peu, votre bouillon n'en sera que meilleur.
Portez votre bouillon dégraissé sur le feu après avoir mesuré son volume. Portez-le à l'ébullition.
Prenez alors des pâtes, de la semoule ou du tapioca. Comme pâtes, vous pouvez prendre du vermicelle ou des pâtes d'Italie. Calculez 4 cuillères à soupe de pâtes par litre de bouillon. Même dose pour la semoule ou le tapioca.
Pendant que le bouillon est en ébullition, jetez-y les pâtes, en tournant tout le temps, de façon qu'elles ne se prennent pas en une masse unique. Baissez le feu, ne couvrez pas le récipient, autrement le bouillon pourrait se "sauver". Laissez bouillir dix minutes et servez.
On peut employer du riz en place des pâtes. Il faut alors

une cuisson d'un quart d'heure au moins. Veillez à ce que le riz ne soit pas trop cuit.

POTAGE LIE AUX ŒUFS

On peut conférer au bouillon une onctuosité savoureuse en le liant avec des jaunes d'œufs.
Au chapitre des liaisons, vous avez pu juger du doigté qu'il faut employer pour faire une liaison à l'œuf. Evitez l'ébullition, autrement le jaune tourne.
Pour lier du bouillon, opérez comme il suit:
Employez quatre jaunes par litre de bouillon. Prenez donc un litre de bouillon. Prélevez-en un bon demi-verre et portez le reste sur le feu. Attendez l'ébullition. Pendant ce temps, cassez 4 oeufs. Séparez les blancs et rejetez-les. Battez les jaunes avec le demi-verre de bouillon froid. Lorsque le bouillon de la casserole a bouilli, retirez-le du feu. Attendez trois minutes. Alors, sans le remettre sur le feu, versez-y les jaunes dilués en agitant tout le temps la masse avec na fouet métallique. Portez alors le tout sur un tout petit feu. Tournez au fouet. Le potage épaissit. Prenez garde, ne laissez pas bouillir, le jaune coagulerait. Vous enlevez du feu, vous versez dans une soupière et vous servez.

POTAGE AUX ABATIS

Tout ce qui a été dit à propos du pot-au-feu s'applique à tous les bouillons; que ceux-ci soient confectionnés avec du bœuf, du veau, du mouton ou de la volaille.
Les bouillons de veau sont dits : rafraîchissants.
Ils contiennent une grande proportion de gélatine; substance qui se digère facilement. Rarement le bouillon de veau est clair. Il est toujours un peu opalescent. Si on le veut plus translucide, on peut le coller avec de l'albumine d'œuf (opération sur laquelle nous reviendrons à propos des jus).
Le bouillon de mouton est peu employé. Dans le midi de la France, on fait des soupes au mouton, mais ce sont des soupes épaisses.
Comme viande blanche pour des bouillons, le mieux est

d'employer de la poule ou, à défaut, des abatis de poulet. Prenez un abatis de poulet et faîtes-le cuire avec des légumes, en observant les lois de cuisson du pot-au-feu. Après trois heures de feu, le bouillon est prêt. Il faut le servir sans le colorer. Sa pâle couleur est un des charmes de la préparation.
On peut obtenir un excellent potage en introduisant après la première heure de cuisson quelques cuillères a soupe d'orge perlé. Les grains cuisent deux heures, abandonnant au bouillon leur amidon qui se met en empois.
Servez le potage avec les grains d'orge et un morceau d'abatis par personne.

POTAGE AU RIZ

Si vous avez du bouillon qui vous reste de la veille, servez-le de temps à autre avec du riz. Méfiez-vous de la cuisson du riz. Si vous en mettez trop, il transforme le potage en bouillie. Si vous n'en mettez pas assez, les grains de riz se présentent plutôt sous la forme d'une impureté que sous celle d'un élément voulu.
Prenez quatre cuillères à bouche de riz par litre de bouillon. Lorsque ce dernier est en ébullition, immergez le riz et laissez cuire vingt minutes. Ce sera grandement suffisant. Goûtez; dès que le riz a perdu sa consistance croquante, il est prêt. Une cuisson plus prolongée ramollirait le grain et lui enlèverait beaucoup de sa saveur.
On peut lier le potage au riz avec un ou deux jaunes d'œufs et ajouter, avant de servir, le jus d'un demi-citron. C'est un potage exquis.

SOUPE A L'OIGNON

La soupe à l'oignon a été baptisée le bouillon du pauvre. Le mot est vrai si on appelle soupe à l'oignon une simple décoction d'oignon revenu, dans de l'eau chaude. Mais si on ajoute à cette eau tant soit peu de lait, de fromage ou de beurre, la soupe devient une soupe de riche.
Prenez trois beaux oignons, épluchez-les, coupez-les en petits morceaux.
Sur une poêle à frire, faites-les revenir dans du beurre

jusqu'à belle coloration acajou. Ajoutez une bonne cuillère de farine; maniez le tout sur le feu et faites un roux.
Mouillez-le lentement avec une louche d'eau froide. Versez le tout dans une casserole, puis, petit à petit, ajoutez de l'eau, de façon à atteindre un volume d'un litre et demi. Portez à l'ébullition. Salez; ajoutez du poivre et couvrez. Une demi-heure suffit pour faire une bonne soupe.
Passez le bouillon au chinois et servez avec des croûtons frits au beurre et du gruyère râpé.
On peut se dispenser de faire frire des croûtons. On n'a qu'à " tremper " la soupe avec des tranches de pain rassis. L'inconvénient de cette méthode est d'obtenir une soupe qui ressemble par trop à une pâtée.
On peut aussi saupoudrer avec du fromage râpé et gratiner au four. Dans ce cas, il vaut mieux répartir la soupe dans de petites jattes de terre individuelles et servir à chacun sa petite soupière.
La soupe à l'oignon peut se faire aussi entièrement au lait. On obtient alors une soupe beaucoup plus nourrissante.

JULTIENNE AUX LEGUMES

On appelle " julienne " une soupe dont la base est un mélange de légumes divers: carottes, navets, choux. Ceux-ci sont préalablement coupés en lanières très fines.
Pour faire une julienne, émincez donc vos légumes, soit avec un couteau ordinaire, soit avec un instrument spécial. On fait pour cela des lames coupantes perforées de trous ou des sortes de rabots.
Ceci étant fait, mettez dans une casserole un morceau de beurre. Lorsqu'il commence à fumer, mettez un demi-kilo environ de légumes coupés. Faites revenir, c'est à dire laissez les légumes se ramollir, puis commencer à prendre très légèrement couleur. Mouillez alors avec de l'eau froide. Salez. Couvrez et laissez cuire le plus longtemps possible sur un tout petit feu.
Avant de servir, ajoutez encore un morceau de f rais.
Vous pouvez ajouter, pendant la cuisson, soit quelque tomates coupées en morceaux, soit de la tomates de conserve. Vous aurez ainsi un potage qui se rapprochera beaucoup de la Minestra italienne.

Dans ce cas, servez le potage et, en même temps, du parmesan râpé dans un ravier. Chacun en ajoutera dans son assiette.

SOUPE A L'OSEILLE

Mettez dans une casserole un bon morceau de beurre. Laissez-le fondre. Ajoutez alors 125 grammes d'oseille que vous aurez préalablement épluchée et lavée. Rapidement, les feuilles "fondent". Remuez la masse; elle se transforme en une sorte de pommade. Mouillez avec un litre et demi d'eau froide. Ajoutez quelques pommes de terre épluchées et coupées en morceaux. Salez. Laissez cuire jusqu'au moment où les pommes de terre peuvent s'écraser très facilement. Passez au tamis, ou à la passoire, à l'aide d'un pilon. Vous obtenez un potage très respectable. Il est beaucoup meilleur si, avant de servir, on y ajoute un quart de crème épaisse.

SOUPE AU POTIRON

La soupe au potiron ne plaît pas à tout le monde. Elle passe pour être fade. En fait, elle a une saveur un peu doucereuse, qui fait du reste son caractère. Pour la "relever", il suffit de lui ajouter de la muscade ou un peu de quatre épices.
Pour préparer une soupe au potiron, achetez 750 grammes de potiron. Enlevez la peau et coupez en morceaux de la grosseur d'une noix.
Faites fondre du beurre dans une casserole et mettez-y les morceaux de potiron. Rapidement, sur le feu, ils se ramollissent et fondent. Vous n'avez qu'à les écraser avec un pilon.
Petit à petit, ajoutez à cette purée un litre et demi de lait. Salez, épicez et laissez bouillir à petit feu pendant un quart d'heure. Vous pouvez, si vous le voulez, passer cette soupe au tamis ou à la passoire avec un pilon de bois. Ce n'est pas absolument nécessaire.
Remettez sur le feu, ajoutez un demi-verre de riz et laissez cuire vingt-cinq minutes à petit feu.

PURÉE SAINT-GERMAIN

La purée Saint-Germain est un potage épais à base de purée de petits pois frais. Pratiquement, on la fait avec des pois cassés secs ou de la farine de pois verts de bonne qualité.
Pour faire la purée avec des pois frais, vous n'avez qu'à les faire cuire dans très peu d'eau. Une fois cuits, on les passe au tamis. Vous obtenez ainsi une purée épaisse que vous étendez avec de l'eau ou du bouillon jusqu'à la consistance voulue. Salez, ajoutez du beurre frais et servez avec des croûtons frits au beurre.
Même technique si vous faites des pois secs. Seulement, il faut préalablement tremper ceux-ci dans l'eau pendant 12 heures. Ils cuisent plus rapidement.
Si vous employez de la farine de pois verts, procédez comme il suit :
Dans une casserole, mettez. un bon morceau de beurre, ajoutez-y 20 grammes, de farine de froment et 125 grammes de farine de pois verts. Commencez comme pour faire un roux. Dès que le beurre a imbibé la farine, mouillez avec de l'eau ou du bouillon froid.
Laissez cuire un quart d'heure et servez avec des croûtons.

SOUPE AUX POISSONS

C'est un potage méridional que vous allez apprendre à faire.
Prenez une ou deux têtes de colin ou de congre. Faites-les bouillir dans de l'eau jusqu'à ce qu'elles se séparent en menus morceaux. Jetez sur une passoire. Recueillez l'eau. Ecrasez les chairs et les os à l'aide d'un pilon. Mélangez ce qui passe avec le bouillon. Réservez ce liquide.
Faites un roux avec de l'huile d'olive, un oignon coupé fin, deux gousses d'ail et une cuillère de farine. Mouillez avec le bouillon de poisson. Ajoutez un demi-gramme de safran. Laissez cuire une bonne demi-heure. Servez avec des croûtons passés à l'huile d'olive.

QUELQUES SAUCES

Les sauces sont la providence d'une maîtresse de maison. Elles servent à masquer les restes de la veille. Elles font varier le goût d'un aliment trop souvent employé. Elles décorent les plats les plus simples. Il faut donc savoir faire les sauces.
Au chapitre des liaisons, nous avons vu qu'on peut faire des sauces liées soit à la farine, soit à l'œuf. Les premières sont économiques, mais, certes, les secondes sont plus fines.
On peut, du reste, combiner les deux procédés et arriver à confectionner des sauces assez fines et relativement peu coûteuses.

SAUCE BLANCHE

Pour faire une sauce blanche, prenez un beau morceau de beurre et portez-le sur le feu, dans une casserole. Ajoutez quelques cuillères de farine. Maniez le tout. Il doit toujours y avoir assez de beurre pour que celui-ci imbibe toute la farine employée.
Lorsque la masse est bien homogène, mouillez avec de l'eau froide en maniant avec le fouet. Au fur et à mesure de l'épaississement, ajoutez de l'eau.
Arrêtez-vous à la consistance voulue. Salez, poivrez légèrement. Laissez cuire cinq minutes.
Ajoutez le jus d'un demi-citron et un morceau de beurre frais. Laissez-le fondre. La sauce est prête. Mais..., je vous l'avoue, elle n'est pas exquise.
Puisque vous savez faire cette sauce fondamentale, vous pourrez maintenant obtenir toute une série de variantes qui sont les sauces qui vont suivre.

SAUCE A LA NORMANDE

Après avoir confectionné une sauce blanche sans citron, vous y incorporez de la crème épaisse. Faites-le d'un seul

coup. Maniez la masse au fouet et donnez un seul bouillon. Ne la laissez pas plus longtemps sur le feu, le goût de la crème fraîche s'atténuerait.
Bien entendu, plus vous emploierez de crème, meilleure sera la sauce. Ceci n'est pas la classique sauce normande, faite uniquement avec de la crème épaisse, sans addition de farine, mais c'est une sauce qui est fort bonne.
Vous pouvez, si vous voulez lui donner un goût, spécial, vous servir d'un court-bouillon de poisson très réduit pour mouiller la sauce. Vous la servirez avec un poisson bouilli et vous entendrez des compliments.

SAUCE POULETTE

Faites un roux blanc et mouillez avec du bouillon de veau ou de volaille. A défaut, mouillez avec de l'eau, mais ce sera beaucoup moins bon. Salez, ne mettez pas de citron. Laissez cuire dix minutes. Laissez refroidir un peu la sauce et incorporez deux ou trois jaunes d'œufs, suivant la quantité de sauce et suivant résultat que vous voulez obtenir. Il vaut mieux employer trois jaunes que deux. Maniez très rapidement au fouet. Portez sur un tout petit feu, en remuant tout le temps votre sauce. Chauffez le plus possible, mais n'arrivez pas jusqu'à l'ébullition. Enlevez du feu. Goûtez, rectifiez l'assaisonnement et servez.

SAUCE BECHAMEL

Faites un roux blanc, mais mouillez avec du lait. La sauce Béchamel est une trouvaille. Elle n'a pas le goût plat de la sauce blanche, tout en coûtant très bon marché.
Bien entendu, ne lui ajoutez pas de citron, vous feriez "tourner" le lait.
La sauce Béchamel peut se servir avec du poisson, des légumes, des viandes blanches. Vous pouvez modifier son goût en lui ajoutant certaines épices telles que la muscade ou le curry. Cette dernière addition lui donne une saveur spéciale. Employez-la alors pour la poule au riz. C'est excellent.

SAUCE MORNAY

Pour faire une sauce Mornay, on prépare tout d'abord une sauce Béchamel. Ceci fait, on laisse refroidir un peu et on ajoute du gruyère ou du parmesan râpé. Rapidement, on incorpore le fromage à la sauce à l'aide du fouet et on porte sur le feu. Il ne faut pas laisser bouillir pour ne pas faire perdre de son goût au fromage. Cette sauce est parfaite pour recouvrir des préparations qui doivent être ensuite gratinées ou glacées au four.

SAUCE PIQUANTE

Avec cette sauce, nous abordons les sauces aux roux bruns. Ce sont des sauces brunes.

Pour faire une sauce piquante, prenez un bon morceau de beurre et un oignon coupé en menus morceaux. Mettez le beurre sur le feu, attendez qu'il ait cessé de crépiter. Jetez les oignons dans la casserole. Remuez-les de temps en temps et attendez qu'ils aient pris une belle couleur acajou. A ce moment, saupoudrez-les d'une bonne cuillère de farine. Maniez la masse et laissez la farine se colorer. Alors, mouillez ce roux avec de l'eau froide ou mieux avec du bouillon froid. Chauffez en remuant tout le temps et en évitant la formation de grumeaux.

Ajoutez du liquide jusqu'à bonne consistance. Salez, poivrez légèrement, couvrez et laissez cuire quinze a vingt minutes.

Ajoutez alors du bon vinaigre de vin, de façon à acidifier la sauce à votre goût. Laissez cuire vingt minutes. Passez la sauce à travers une passoire conique appelée "chinois".

A cette sauce, ajoutez quelques cornichons coupés menu, des petits oignons marinés et un ou deux petits piments rouges conservés au vinaigre. Ne coupez pas ces piments en morceaux. Réservez-les pour les amateurs et les palais entraînés à l'épreuve du feu des épices.

La sauce piquante a l'inconvénient d'être un peu "plate". On la relève en lui ajoutant un peu de jus de viande.

SAUCE MADÈRE

C'est une sauce brune dans laquelle le mouillement est fait soit avec du madère pur, soit avec un mélange de vin blanc et de madère.
Pour Confectionner, commencez, comme pour la sauce piquante, à faire un roux brun. Lorsque celui-ci est assez foncé, mouillez-le avec du vin blanc. Salez et épicez très légèrement. Laissez bouillir à très petit feu pendant vingt minutes. Passez votre sauce. Elle a épaissi par la cuisson. Ajoutez alors du madère jusqu'à bonne consistance et des champignons coupés en lamelles. Laissez cuire dix minutes. Rectifiez l'assaisonnement. La sauce est prête. Comme pour la sauce piquante, il est bon d'ajouter à la sauce madère un peu d'extrait ou de jus de viande.

SAUCE MOUTARDE

La sauce moutarde est l'accompagnement classique de certains poissons, le hareng frais en particulier. Pour la préparer, faites tout d'abord une sauce piquante. Puis, au lieu de lui ajouter des cornichons et des oignons marinés, incorporez-lui quelques cuillères à café de bonne moutarde. Réchauffez et servez.
La sauce moutarde doit être épaisse. On lui confère des, qualités toutes particulières en la crémant un peu. Pour cela, avant de servir, on ajoute à la sauce un quart de crème épaisse. On amalgame le tout et on obtient une sauce veloutée tout à fait remarquable.

SAUCE MAYONNAISE

Le premier des secrets pour qu'une mayonnaise réussisse est d'employer des oeufs et de l'huile à la même température.
Gardez donc oeufs et huile à la cuisine plusieurs heures avant le travail. Veillez surtout à ce que l'huile ne soit pas figée.
A l'aide d'un couteau, taillez deux rigoles dans le bouchon de la bouteille d'huile, de façon à pouvoir verser de l'huile en petit filet très fin, à l'aide de la bouteille bouchée.

Prenez un bol, déposez-y un jaune d'œuf. Armez-vous d'un fouet métallique et tournez tout le temps le contenu du bol, pendant que vous verserez l'huile d'abord goutte à goutte, puis en petit filet fin. La sauce se fait rapidement. Ajoutez du sel fin.
A un moment donné, la sauce devient brillante, cassante. Ajoutez alors quelques gouttes de vinaigre. Tournez. La sauce devient blanche, crémeuse. Vous pouvez continuer à verser de l'huile.
Employez un jaune d'œuf pour 125 grammes d'huile. Prenez de l'huile d'olive de préférence.
Si la sauce venait à "tourner", prenez un nouveau bol, un nouveau jaune d'œuf et, vous servant de la sauce tournée comme d'une huile simple, refaites une nouvelle sauce.

SAUCE TARTARE

C'est une sauce émulsionnée que l'on fait en se servant non pas de jaune d'œuf cru, mais de jaune d'œuf dur.
On fait donc cuire un oeuf onze minutes dans l'eau bouillante. On le plonge dans l'eau froide. On le laisse se refroidir. On extrait le jaune. On écrase ce dernier dans un bol avec un peu de sel et de moutarde. Puis alors, on fait comme pour une mayonnaise. On verse petit à petit de l'huile d'olive jusqu'à consistance et volume voulus. Quelque fois cette sauce tourne. Il faut la "rattraper" comme une sauce mayonnaise, à l'aide d'un jaune d'œuf cru.

AILLOLI

La sauce mayonnaise se sert en petite quantité avec un poisson on une viande froide. L'ailloli, au contraire, se sert en très grande quantité avec très peu de morue cuite ornée de légumes bouillis. L'ailloli est une mayonnaise très parfumée à l'ail.
Pour le faire, on commence par râper trois ou quatre gousses d'ail sur les pointes d'une fourchette. On met cet ail dans un bol et on y fait une mayonnaise.
C'est un plat à manger en famille, si on doit y rester; du moins dans le nord et le centre de la France. Dans le Midi, le parfum de l'ail ne surprend personne.

SAUCE HOLLANDAISE

Malgré son nom, cette sauce est le triomphe de la cuisine française. C'est une sauce chaude qui accompagne admirablement le poisson et les grillades. Elle a le velouté de la mayonnaise et, de plus, un parfum de beurre incomparable.
La sauce hollandaise passe pour une préparation difficile à faire. Il est, au contraire, presque impossible de la manquer. Le seul inconvénient, c'est qu'elle est d'un prix de revient excessivement élevé.
Pour confectionner une sauce pour six personnes, il faut 4 jaunes d'œufs et 250 grammes de beurre... Evidemment, c'est cher... Mais c'est si bon!
Opérez comme il suit:
Prenez deux casseroles : une grande et une petite. Dans la grande, mettez de l'eau bouillante, elle vous servira de bain-marie. Tenez-la sur le feu. Dans la petite, mettez deux cuillères à soupe d'eau froide (soit 30 grammes), les 4 jaunes d'œufs et un peu de sel. Préparez le beurre sur une assiette en le divisant en morceaux gros comme des noix. Tenez la petite casserole de la main gauche et plongez-la dans le bain-marie. Tournez au fouet. Les jaunes se chauffent. Ajoutez un morceau de beurre; il fond; tournez. Retirez du bain-marie. Ajoutez du beurre; tournez; il fond. Réchauffez et ainsi de suite jusqu'à emploi de toute la masse de beurre. Laissez alors au bain-marie en tournant tout le temps. La sauce épaissit rapidement.
Si vous chauffez trop longtemps, la sauce tourne. immédiatement, ajoutez deux cuillères à soupe d'eau froide. Tournez, remettez quelques secondes au bain-marie. La sauce a repris sa belle consistance.
Ainsi donc, la sauce hollandaise, reine des sauces française, est très facile à réussir. Il n'y a jamais d'insuccés. Vous pouvez, si vous l'aimez, ajouter un peu de jus de citron.

SAUCE BEARNAISE

Faites bouillir deux ou trois échalotes finement hachées dans deux cuillères à soupe de bon vinaigre de vin. Lorsque l'échalote est cuite, poussez le feu de façon à faire évaporer presque complètement le vinaigre. Ajoutez une cuillère à bouche d'eau froide et, à partir de ce moment, procédez comme pour une sauce hollandaise.
C'est en somme une sauce hollandaise parfumée à l'échalote.

SAUCE BATARDE

C'est une sauce un peu meilleur marché. Faites une sauce blanche et corsez-la en lui ajoutant deux jaunes d'œufs, un peu de crème épaisse et du beurre frais.

SAUCE TOMATE

La meilleure sauce tomate est une purée de tomates. Pour la confectionner, faites cuire dans très peu d'eau un kilo de tomates bien mûres coupées en morceaux. Quand elles sont cuites, passez au pilon à travers un tamis ou une passoire. Ajoutez du beurre ou de l'huile d'olive. Salez.
On fait une sauce moins chère, mais moins bonne, en mélangeant de la purée de tomates avec une sauce blanche.
Quand vous n'avez pas de tomates fraîches, ou que vous voulez corser le goût et la couleur d'une sauce confectionnée avec des tomates non mûres, employer les conserves de tomates.
Pour la fabrication de ces dernières, l'Industrie italienne est arrivée à un degré de véritable perfection.
Il arrive fréquemment qu'une sauce faite uniquement avec de la tomate de conserve est meilleure qu'une sauce faite avec des tomates fraîches, cueillies, et expédiées avant la parfaite maturité.

QUELQUES PLATS D'ŒUFS

Les oeufs constituent un aliment parfait et au point de vue de l'hygiène alimentaire et au point de vue gastronomique. Leur richesse en albumine, en phosphore et en graisses les recommande à toute personne voulant se nourrir substantiellement en employant un petit volume de matière première. Le nombre très grand de préparations qu'on peut en faire est une ressource précieuse pour une maîtresse de maison.
Quelles que soient les préparations que l'on veuille obtenir, les techniques pour faire cuire les oeufs se ramènent à un petit nombre : les œufs bouillis en coquille, les oeufs bouillis sans coquille (oeufs pochés), les œufs frits, les œufs sur le plat, les oeufs en omelette et les œufs brouillés. Une fois ces techniques bien acquises, on saura préparer et imaginer une quantité de plats différents.

OEUFS A LA COQUE

Pour faire cuire un oeuf à la coque, il faut tout d'abord un bel oeuf pesant 60 grammes environ.
On prépare ensuite une casserole contenant un demi-litre d'eau au moins. On fait bouillir l'eau et on y plonge l'œuf en faisant bien attention de ne pas le fêler. Le mieux est de le mettre à l'eau à l'aide d'une cuillère. Si on a plusieurs oeufs à cuire, il est bon d'employer un panier de fil de fer, spécialement construit, qui permet d'immerger tous les oeufs à la fois.
Faites, alors un très grand feu. Il faut que la quantité d'eau soit assez grande pour que l'immersion des oeufs froids n'arrête l'ébullition que pour une vingtaine de secondes seulement.
Dès que l'ébullition reprend, vous comptez les minutes de séjour dans l'eau.
Pour avoir un oeuf très peu cuit, il faut attendre deux minutes et demie. Pour un oeuf laiteux, il faut trois minutes.

Sortez rapidement les oeufs de l'eau. Placez-les sous une serviette, dans un plat, et servez avec du beurre frais dans un ravier.

ŒUFS MOLLETS

Si vous laissez les oeufs six minutes dans l'eau bouillante, le blanc devient dur, tandis que le jaune reste visqueux. Les œufs ainsi cuits sont dits : mollets.
Après six minutes de cuisson, il faut sortir les œufs du bain et les plonger pour trente secondes dans l'eau très froide. Ceci pour qu'ils puissent s'éplucher facilement.
Epluchez- les et servez-les soit avec une sauce Béchamel, soit avec une sauce tomate.
On peut aussi les servir sur un plat d'épinards ou d'oseille cuite.
Sur un croûton recouvert d'une tranche de jambon, il constituent une entrée élégante et délicieuse.

OEUFS DURS

Plongez des oeufs dans l'eau bouillante en prenant toutes les précautions précitées. Laissez-les bouillir onze minutes. Sortez-les du bain de cuisson. Plongez-les dans l'eau froide.
Vous obtenez des oeufs durs parfaitement cuits. Laissés plus longtemps dans l'eau bouillante, ils sont trop cuits. En effet, le jaune prend alors une consistance un peu cornée, élastique, tout à fait désagréable.
Les oeufs durs peuvent se manger tels quels, avec du sel ou de la moutarde. On peut les accommoder avec toutes les sauces. On peut aussi les hacher et en saupoudrer des plats de légumes tels que : épinards, oseille, choux-fleurs, tomates, etc...

ŒUFS POCHES

Il est très facile de réussir les oeufs pochés. Il faut pour cela avoir des oeufs très frais et employer pour la cuisson de l'eau bouillante non salée et légèrement vinaigrée.
Prenez donc une casserole, remplissez-la aux trois quarts

d'eau bouillante. Ajoutez une cuillère à soupe de vinaigre. Portez sur le feu et attendez l'ébullition. Alors vous cassez un oeuf dans une tasse à thé. Vous rapprochez celle-ci du niveau de l'eau bouillante et, brusquement, vous versez votre oeuf dans le bain. Un nuage très irrégulier d'albumine coagulée se forme immédiatement. Laissez cuire deux minutes. A l'aide d'une écumoire, sortez l'œuf et déposez-le sur une assiette chaude.

Recommencez avec un second oeuf et, pendant qu'il cuit, ébarbez un peu les irrégularités du premier.

Vous pouvez, avec un peu d'habitude et de dextérité, faire pocher deux ou trois oeufs à la fois.

Egouttez bien vos oeufs pochés en inclinant l'assiette sur laquelle ils se trouvent. Servez avec de la chapelure et du beurre fondu ou sur une purée de légumes quelconques.

Vous pouvez les servir aussi dans du consommé.

OEUFS FRITS

Il est plus facile encore de réussir des oeufs frits.

Ayez une bassine de friture qui fume, comme si vous vouliez faire des pommes de terre frites. Procédez comme pour les oeufs pochés, mais prenez garde, car la friture peut être projetée en fines gouttelettes brûlantes. Aussi, précipitez les oeufs dans La friture à l'aide d'une louche à long manche.

Dés que l'œuf est dans la graisse, préparez-en un second dans une tasse. Dés que celui-ci est prêt, le premier est cuit. Il faut trente secondes à peine pour faire cuire un oeuf frit. Mais il faut que la friture soit très chaude, c'est-à-dire qu'elle fume franchement. Les meilleurs oeufs frits se font à l'huile d'olive. Ils constituent un plat naturel espagnol, servi avec des saucisses frites. Ornez le plat avec du persil frit dans la même graisse.

OEUFS SUR LE PLAT

Pour qu'un oeuf sur le plat soit réussi, il faut que le blanc soit cuit à point, bien coagulé, non glaireux et que le jaune soit à peine cuit, mais néanmoins qu'il soit chaud. Il faut, pour réussir cette préparation, être bien maître de son feu.

Il faut qu'il soit ardent, sans être trop fort.
Dans un plat à oeufs, mettez un bon morceau de beurre. Attendez, qu'il fonde et qu'il cesse de crépiter. Cassez deux oeufs, les uns après les autres et laissez-les tomber de très peu haut dans le beurre qui commence à fumer. Immédiatement le blanc se prend, se boursoufle sur les bords. Diminuez alors la flamme ou éloignez un peu du foyer. Avec un couteau, entaillez un peu le blanc coagulé et écartez les bords de ces entailles. Le blanc liquide s'engouffre dans ces solutions de continuité et se coagule à son tour. Prenez bien garde de ne pas briser le jaune qui se mettrait à couler et durcirait rapidement, tout en enlaidissant la préparation.
Lorsque le blanc est parfaitement cuit, salez et servez.
Pour varier, vous pouvez faire les oeufs sur le plat, non plus au beurre, mais au lard fumé fondu. Laissez les lardons sur le plat. C'est le plat national anglais eggs and bacon.
Vous pouvez aussi entourer les oeufs sur le plat avec des demi-tomates cuites à la poêle, au beurre. Vous pouvez ajouter de la crème épaisse dans le plat et faire ainsi des oeufs à la normande. Essayez aussi des oeufs sur le plat avec du jambon, des chipolatas, etc., etc...

OEUFS BROUILLES

C'est un plat exquis, rapidement fait, à condition d'avoir des œufs irréprochables et du beurre très frais.
Vous pouvez choisir entre deux méthodes. L'une parfaite mais un peu longue (le bain-marie), l'autre rapide et donnant quand même des résultats satisfaisants (à feu nu). Dans les deux cas : battez quatre ou six oeufs dans un bol à l'aide d'un fouet métallique. Salez. Dans une petite casserole, faites fondre un bon morceau de beurre. Versez-y les oeufs battus et portez, suivant le procédé employé, soit dans un bain-marie bouillant, soit sur un petit feu. Tournez tout le temps sans vous arrêter avec le fouet. Les oeufs deviennent assez rapidement pâteux, puis ils se transforment en une crème qui épaissit. Enlevez du feu ou du bain-marie alors que vous n'êtes pas encore arrivée à la consistance voulue, car les oeufs continuent à cuire et à s'épaissir grâce à la chaleur emmagasinée. Versez sur plat

creux, pas trop chauffé, et servez entouré de croûtons passés au beurre.
A ces œufs brouillés, vous pouvez, au cours de la cuisson, incorporer tous les éléments que vous voudrez : jambon coupé fin, pointes d'asperges, pommes de terre sautées, olives, petits pois, piments verts ou rouges, etc. Autant de plats nouveaux et variés.

OMELETTE

L'omelette est une des gloires de la cuisine française. Aussi, allons-nous insister un peu longuement sur sa préparation. Si vous savez bien la faire, vous n'avez qu'à l'agrémenter, comme les oeufs brouillée, d'éléments très variés, et vous serez toujours récompensée par l'exclamation joyeuse de tous.
Pour réussir une omelette, il faut avant tout avoir une poêle à frire convenable. N'achetez jamais qu'une poêle à frire en fer. Seule elle vous donnera satisfaction. Choisissez-la bien plate. Rejetez celles qui présentent une convexité, un léger dôme en leur milieu. Sur un pareil ustensile, le beurre coule sur la périphérie et le centre s'en trouve toujours dépourvu. Veillez à ce que cette poêle soit très propre. Si elle n'est pas irréprochable, posez-la sur le feu avec un minuscule morceau de beurre (la valeur d'un petit pois). Lorsqu'il est fondu, jetez-y une grosse pincée de sel fin et essuyez la poêle avec un morceau de papier. Elle sera parfaite.
La poêle étant prête, cassez au maximum six oeufs dans un bol. Salez-les et battez-les vigoureusement au fouet métallique.
Faites un feu très ardent. Posez-y la poêle. Dans celle-ci mettez au moins quarante grammes de beurre (il n'y a jamais trop de beurre pour faire une omelette).
Le beurre fond, il crépite, il se tait, il va commencer à fumer. Alors, d'un seul coup, versez les oeufs battus dans la poêle. Immédiatement, avec la fourchette, mélangez le beurre et les œufs. Ceci doit se faire très rapidement, en deux ou trois tours de main.
Laissez alors la poêle au-dessus du feu ardent en la secouant continuellement avec ta main gauche. L'omelette

ne doit-jamais coller à la poêle. Ce mouvement de la main gauche la mobilisé tout le temps.
De temps à autre, soulevez le bord de l'omelette et laissez passer sous elle les oeufs encore liquides.
Lorsque les oeufs ne coulent plus, relevez la poêle, comme si vous vouliez laisser glisser l'omelette sur le manche de la-poêle. Elle glisse en effet. C'est alors, que vous en relevez le bord qui est le plus proche de vous et que vous le rabattez sur les oeufs non cuits. L'omelette se trouve alors repliée en partie. La surface qui est le plus loin de vous n'a pas été recouverte. Faites alors le mouvement contraire : baissez la poêle, comme si vous vouliez faire glisser l'omelette en sens inverse. Elle glisse. Vous laissez ainsi la poêle sur le feu pendant quelques secondes pour que l'omelette finisse de cuire.
Alors prenez un plat chaud. Laissez glisser l'omelette vers le plat. Lorsqu'elle touche le plat, faites basculer la poêle comme si vous voulez recouvrir le plat avec la poêle. L'omelette se roule, elle est dans le plat. Servez.
Le secret de la réussite est d'attraper le moment de la cuisson où vous devez commencer la manœuvre de ce double glissement de l'omelette sur la poêle. Ce moment dépend de votre goût. Il devra survenir Plus d'autant plus tôt que vous aimez l'omelette plus baveuse, c'est-à-dire moins cuite.

OMELETTE AU LARD

Pour l'aire une omelette au lard, faites fondre tout d'abord des morceaux de lard gros comme des dés dans une poêle à frire. Lorsque les lardons sont bien desséchés, versez sur la graisse fumante les oeufs battus et procédez avec le rite employé pour toutes les omelettes en général.

OMELETTE AUX TOMATES

Procédez comme pour toutes les omelettes, mais, en battant les oeufs, ajoutez-y de la purée de tomates très concentrée.

OMELETTE AUX PIMENTS

Faites tout d'abord revenir dans du beurre chaud de petits piments verts coupés en deux dans le sens de la longueur. Lorsqu'ils sont cuits, versez vos oeufs sur la poêle et finissez l'omelette.

OMELETTE SOUFFLEE

Pour faire une omelette soufflée, prenez un plat bien beurré. Dans ce plat, vous verserez des oeufs préparés de la façon suivante :
Vous battez 4 jaunes d'œufs avec 150 grammes de sucre en poudre. Vous faites ainsi une sorte de pommade toute blanche. Salez un y petit peu.
D'autre part, vous battez 8 blancs d'œufs en neige très ferme.
Vous mélangez jaunes et blancs et vous versez dans le plat beurré. Vous mettez le tout au four bien chaud. Les oeufs commencent à cuir, puis gonflent. Ils montent alors très rapidement.
Que vos convives aient des assiettes chaudes devant eux. Apportez l'omelette sur la table ; servez très rapidement pour ne pas la voir tomber lamentablement dans le fond du plat.

QUELQUES ENTREES DE PATES

LA CUISSON DES PATES

Avouez-le, Madame, vous n'aimez pas les pâtes; et ceci parce que vous ne savez pas les faire cuire. Est-ce votre faute?... Non. Vous êtes logée à la même enseigne que toutes les Françaises. En France, on ne sait pas faire cuire les pâtes.
Il est vrai que la France est un pays heureux où toute l'année le ciel clément est propice à toutes les cultures. En France, on a des légumes frais en toutes saisons. Il est donc inutile de manger du rnacaroni et du riz. Cependant, avec des nouilles bien faites, bien cuites et bien accommodées, on fait plaisir à ses hôtes. De plus, les pâtes peuvent donner lieu à des préparations vite faites qui sont précieuses lorsqu'un ami arrive dîner à l'improviste le jour où le menu est un peu juste.
Faites donc cuire les pâtes comme font les Italiens ; c'est-à-dire qu'elles restent fermes et qu'elles ne se présentent pas sous l'aspect d'une pâtée informe.
Le secret de la cuisson est basé sur les trois principes suivants :
1° Employer des pâtes faites avec du blé dur, c'est-à-dire des pâtes qui ne se mettent pas en bouillie, En Italie, c'est la règle. En France, on en fait d'assez bonnes. Il suffit de les trouver, et cela en dégustant différentes marques;
2° Immerger les pâtes dans une très grande quantité d'eau salée bouillante. Ne pas couvrir le récipient et cuire à gros bouillon;
3° Retirer les pâtes de l'eau alors qu'elles sont encore fermes, dès qu'elles ont perdu leur consistance croquante. Egoutter très soigneusement.
A partir de ce moment, vous pouvez ajouter à ces pâtes cuites à point tout ce que vous aimez : crème, beurre, lard fondu, sauce tomate, jus de viande, jambon, fromage, viande hachée, champignons, truffes, crevettes, moules, etc... Vous pouvez varier à l'infini le nombre de préparations

que l'on peut obtenir avec des nouilles ou du macaroni. Employez plutôt des nouilles, des lazagnes ou des spaghetti; le macaroni est beaucoup plus difficile à faire cuire, car il a des parois flasques. De plus, il est difficile à faire bien égoutter. Une livre de pâtes sèches constitue un plat très copieux pour huit personnes.
Ces principes étant posés, faisons quelques entrées de pâtes.

NOUILLES AU BEURRE

Prenez des nouilles sèches; jetez-les dans l'eau salée bouillante; rétablissez l'ébullition. A ce moment, avec une fourchette, éparpillez-les dans l'eau et décollez celles qui ont pu adhérer dans le fond du récipient. Baissez un peu le feu, de façon que le liquide ne se "sauve" pas.
En général, 8 à 9 minutes de cuisson suffisent. Les nouilles que l'on vend sous le nom de nouilles fraîches cuisent encore plus rapidement.
Egouttez, placez les nouilles dans le fond d'un légumier bien chauffé. Ajoutez un quart de beurre frais coupé en morceaux pour une livre de nouilles.
Remuez délicatement avec deux fourchettes. Répartissez bien le beurre et servez tel quel. Pour les amateurs, donnez, dans un ravier, du parmesan râpé.
Assiettes très chaudes, bien entendu.

SPAGHETTI À LA TOMATE

Les spaghetti sont des pâtes longues, cylindriques, pleines, d'un diamètre de trois millimètres environ. Ils sont préférables aux nouilles, car ils ont une consistance plus ferme; ils sont donc plus faciles à faire cuire. Il faut au moins dix minutes pour faire cuire les spaghetti. Procédez avec le même rite que pour les nouilles. Dès qu'ils sont cuits, sortez-les de l'eau bouillante. Egouttez. Dans le légumier; où vous les servirez, mélangez-les avec un peu de beurre. Ajoutez la purée de tomates. Remuez le tout avec deux fourchettes, délicatement, sans écraser les pâtes. Servez avec parmesan râpé dans un ravier.

LAZAGNES AU JUS DE VIANDE

Voici une excellente préparation, si, de la veille, il vous reste du jus de rôti de veau par exemple.
Les lazagnes sont des pâtes longues, plates et beaucoup plus larges que les nouilles. Par imagination, à cause de leur forme, on leur attribue un goût différent de celui des nouilles.
Les lazagnes cuisent à peu près aussi vite que les nouilles, c'est-à-dire qu'une immersion de 8 à 10 minutes dans l'eau salée bouillante suffit à les faire cuire à point. En tout cas, goûtez-les avant de les retirer de l'eau et jugez ainsi de leur consistance.
Sortez-les de l'eau, égouttez-les, ajoutez du beurre frais et, lorsqu'il est fondu, mélangez avec le jus de viande.
Servez avec ou sans parmesan.

NOUILLES AU JAMBON

Faites cuire une livre de nouilles à l'eau salée. Lorsqu'elles sont à point, égouttez-les. Dans un saladier, mélangez-les avec précaution avec 100 grammes de beurre et 150 grammes de jambon cuit coupé en menus morceaux.
Lorsque la masse est devenue tiède, mélangez-la avec deux oeufs battus. Versez le tout dans un moule à charlotte beurré et passé à la chapelure. Portez au four pour une demi-heure. Démoulez cette, sorte- de gâteau et découpez-le. Servez soit tel quel, soit avec du beurre fondu, soit avec une sauce madère.

MACARONI A L'ITALIENNE

Quoique la France ne se glorifie pas de ses préparations de pâtes, il en existe quand même deux, classiques : ce sont le macaroni à l'italienne et le macaroni au gratin. Il faut donc, ne serait-ce que par amour-propre national, en parler au moins succinctement.
Faites cuire du macaroni à gros trous dans de l'eau salée bouillante. Faites bien attention de ne pas atteindre le point critique de la mise en bouillie. Egouttez très soigneusement. Remettez dans une casserole avec du

beurre fondu et du gruyère râpé. Ajoutez un demi-verre de bouillon chaud. Remuez le tout avec précaution sur petit feu. Le fromage fond, se mélange au bouillon, enrobe le macaroni. Le beurre l'imprègne. Le macaroni, ou du moins le fromage, commence à filer. Retirez-le, du feu, autrement il ne filerait plus. Servez sur des assiettes chaudes et amusez-vous avec vos voisins à celui qui le mangera avec le moins de maladresse.
Ce macaroni à l'italienne est du reste inconnu en Italie.

MACARONI AU GRATIN

Préparez un macaroni à l'italienne. Saupoudrez-le de parmesan râpé et d'un peu de chapelure. Portez au four pour dix minutes. Le dessus se gratine. Servez à chacun un peu de croûte et beaucoup de macaroni.
Comme son voisin italien, le macaroni au gratin doit filer.

NOUILLES ALSACIENNES

Tout autre préparation sont les nouilles alsaciennes. Ce sont les pâtes de choix, puisque vous les ferez vous-même. Deux formules. La première, riche, consiste à avoir 8 oeufs et un kilo de farine, environ. La seconde n'exige que 4 oeufs, 2 verres d'eau et un kilo de farine.
Choisissez. Bien entendu, la première formule donne des nouilles bien meilleures.
Dans une terrine, cassez soit les 8, soit les 4 oeufs que vous mélangez avec les 2 verres d'eau. A partir de moment, les deux préparations sont les mêmes.
Vous battez donc bien les oeufs et, petit à petit, vous ajoutez de la farine en maniant le tout avec une cuillère de bois. La pâte se fait, épaissit, devient comme du mastique mou. Un moment donné, il vous est difficile de la manier à la cuillère tant elle est consistante. Cependant elle colle encore aux doigts. Elle n'est donc pas prête.
Alors saupoudrez largement une planche à pâtisserie avec de la farine. Sortez la pâte de la terrine. Posez-la sur la planche ; saupoudrez-la de farine et avec des mains irréprochables pétrissez la pâte. Ajoutez de la farine et pétrissez jusqu'au moment où la pâte ne colle plus ni aux

mains, ni à la planche.
Remettez cette pâte dans une terrine farinée propre, recouvrez-la d'une assiette et attendez vingt minutes.
Nettoyez bien la planche, saupoudrez de farine. Prenez un morceau de pâte gros comme le poing. Avec le rouleau, abaissez-la, étendez-la jusqu'à une épaisseur de 3 millimètres environ.
Saupoudrez cette abaisse de farine. Roulez comme une cigarette. Puis, avec un couteau bien affilé, coupez des tranches minces de ce cylindre. Chaque tranche sera, après être dépliée, une nouille longue et flexible.
Faites ainsi toutes les nouilles. Eparpillez-les sur une table bien propre et laissez-les sécher pendant quelques heures.
En Alsace, il est classique de faire sécher les abaisses de pâte sur des serviettes étendues sur le dos des chaises ou même sur une nappe posée sur l'édredon du lit. Les nouilles se coupent alors plus facilement.
Ces nouilles se font cuire une dizaine de minutes dans l'eau salée bouillante et se servent arrosées de beurre fondu.
On peut les faire sécher et les conserver des mois à l'abri de l'humidité. De nos jours, ce procédé n'est pas à recommander, car elles noircissent, à cause de la qualité inférieure des farines.

KNEFLES

Prenez trois oeufs et un verre d'eau froide. Battez le tout ensemble dans une terrine. Ajoutez petit à petit de la farine en maniant tout le temps la masse. Arrêtez-vous au moment où la pâte a la consistance d'un mastic très mou.
Battez-la alors avec la cuillère de bois jusqu'au moment où elle se détache de cette cuillère (5 minutes environ).
Ayez sur le feu une casserole d'eau salée en ébullition. Trempez une cuillère à entremets dans cette eau et, avec cette cuillère, cueillez gros comme une noix DE PÄTE. Trempez la cuillère dans l'eau; la pâte se détache et tombe dans le fond.
Dépêchez-vous et employez ainsi rapidement toute votre pâte. Faites un grand feu. Le liquide se remet vite à bouillir. Décollez les Knèfles qui ont attaché au fond de la casserole. Elles remontent toutes en surface. Baissez le feu. Laissez

bouillir cinq à six minutes. Versez sur une passoire à gros trous. Egouttez. Arrosez les knèfles de beurre fondu et servez.
On peut aussi les servir avec du lard fondu, ou de la sauce tomate, ou une Béchamel au fromage.

GNOCHI

Il existe plusieurs sortes de gnochi. Les uns sont fait avec de la pâte, les autres avec de la semoule.
Gnochi parisienne. - Pour les faire, confectionnez tout d'abord une pâte à choux (voir : entremets). A cette pâte, ajoutez, en la faisant, du gruyère.
Versez cette pâte semi-fluide dans une poche à douille et placez-vous en face d'une casserole d'eau salée bouillante. En appuyant sur la poche à douille, faites sortir un long cylindre de pâte. Au fur et à mesure, coupez-le couteau en morceaux de 3 centimètres de long; laissez tomber ces petits cylindres dans l'eau bouillante. Laissez-les cuire cinq à six minutes. Sortez-les, égouttez. Posez-les dans un plat sous une couche de parmesan râpé. Arrosez avec de la sauce tomate et faites gratiner au four.
Gnochi à la romaine. - Faites bouillir un litre de lait avec du sel et un peu de beurre. Pendant l'ébullition, versez 200 grammes de grosse semoule en tournant tout le temps. Laissez cuire 15 minutes en remuant tout le temps sur un petit feu. Prenez garde aux projections.
Enlevez du feu, laissez refroidir un peu. Ajoutez deux jaunes d'œufs. Versez sur un plat beurré sur une épaisseur de 4 centimètres environ. Laissez refroidir. Découpez alors en carrés ou en losanges. Dressez ceux-ci en 2 ou 3 couches sur un plat allant au feu. Saupoudrez de parmesan après avoir arrosé de beurre fondu. Portez au four pour gratiner.

RAVIOLI

Procédez comme pour les nouilles. Faites la pâte. Abaissez-la au rouleau sur une planche à pâtisserie. Déposez une rangée de boulettes de farce quelconque les unes à côté des autres. Les boulettes doivent être grosses comme de fortes noisettes et espacées les unes des autres de 3 centimètres environ. Rabattez la pâte sur cette rangée de boulettes. Avec le revers de la main, séparez les boulettes l'une de l'autre. Ensuite, avec un petit verre, découpez chaque boulette entourée de pâte. Vous aurez ainsi un certain nombre de minuscules chaussons. Par la pression des doigts, collez bien les bords.

Faites ainsi quelques douzaines de ravioli.

Faites-les pocher à l'eau salée bouillante. Egouttez-les, arrosez de sauce tomate ou de jus de viande. Servez avec du parmesan râpé.

La farce des ravioli peut varier à l'infini. En Italie, on y met un mélange de cervelle et d'épinards. Vous pouvez y mettre des restes de viande hachée avec des champignons, quelle que soit cette viande bœuf, veau ou poulet.

QUELQUES PLATS AU RIZ

LA CUISSON DU RIZ

Pour faire cuire le riz, il faut tout d'abord poser le principe que le riz ne doit pas se présenter sous l'aspect d'un cataplasme. Le riz doit être cuit de telle façon que les grains soient indépendants les uns des autres. Le riz, une fois cuit, doit s'égrainer. Ainsi présenté, le riz constitue un aliment appétissant dont vous pouvez faire varier l'aspect en le mélangeant avec des éléments variés quant au goût et quant à la couleur : safran, tomate, curry, bouillon, etc...
Quelle différence y a-t-il entre un riz en bouillie et un riz qui s'égraine?
Un riz en bouillie contient de la colle, un riz qui s'égraine n'en contient pas. Qu'est-ce donc que cette colle? C'est un empois d'amidon.
Que faut-il pour faire cet empois? De l'amidon et de l'eau.
Il est difficile d'éviter l'amidon, puisque le riz en contient. Il est facile d'éviter l'eau. On n'a qu'à l'employer avec une certaine règle que je vais établir.
Un grain de riz, en cuisant, absorbe une fois et demi son volume d'eau. Si, donc, vous prenez un verre de riz, si vous le cuisez dans un verre et demi d'eau, toute l'eau sera absorbée par le riz. Il ne restera plus d'eau, hors les grains. Il n'y aura donc pas de colle, faute d'eau.
C'est là une méthode de cuisson du riz dite méthode orientale. Elle consiste à mettre le riz dans une très petite quantité d'eau, parfaitement mesurée.
On peut aussi éviter la colle en usant d'un autre subterfuge. Favorisez la formation d'empois, mais délayez celui-ci dans une très grande quantité d'eau. En rejetant cette eau, vous rejetterez l'empois et le riz ne collera pas. C'est la méthode créole.
Elle consiste à jeter le riz dans une très grande marmite remplie d'eau salée bouillante. Une fois le riz cuit, on le jette sur une passoire. On rince le riz avec de l'eau froide et on le dessèche un peu à l'entrée du four.

La méthode orientale vaut mieux que la méthode créole, car elle permet de garder tous les principes nutritifs du riz. Dans la méthode créole, on rejette une grande quantité de sels et d'amidon.
Dans la méthode orientale, on commence par faire revenir un peu le riz sec, tout cru, dans un peu de graisse ou de beurre. Il s'imbibe alors de corps gras. On ajoute alors l'eau bouillante. On laisse cuire. Ainsi la réussite est parfaite.
Ceci étant posé, nous allons préparer quelques plats au riz. Ce sont des plats exotiques... Ils n'en sont pas moins exquis.
Ajoutons qu'une livre de 1--_ suffit pour domier un plat très copieux pour huit personnes.

RIZZOTO A LA MILANAISE

Prenez de la moelle de bœuf, coupez-la en morceaux et faites-la fondre avec un peu de beurre dans une casserole. Enlevez les parties solides qui restent après la fonte et, dans cette graisse chaude, versez un volume connu de riz sec, deux verres par exemple.
Laissez-le sur le feu 5 minutes pour lui permettre de bien s'imbiber de graisse. Versez alors sur ce riz trois verres de bouillon chaud. Ajoutez du safran (0 gr. 50 environ). Salez. Couvrez le récipient et laissez sur un petit feu.
Après 20 minutes, tout le liquide est absorbé. Goûtez un grain de riz. S'il ne vous paraît pas assez cuit, laissez le récipient couvert sur un tout petit feu. Lorsque vous jugez qu'il a fini de cuire à la vapeur, vous découvrez le récipient et vous laissez évaporer l'eau.
De temps à autre, avec une spatule de bois, décollez les grains qui attachent au fond et ramenez les grains du fond à la surface. Après quelque minutes de dessiccation, le rizzoto est parfait. Il s'égraine, il est jaune d'or. Servez-le avec du parmesan râpé et, si vous voulez, avec de la sauce tomate.

RIZ AUX MOULES

Prenez deux litres de moules. Grattez-les, lavez-les, posez-les sur le feu dans une casserole. Rapidement, elles

s'ouvrent, laissent échapper de l'eau. Celle-ci se met à bouillir. Les moules cuisent à la vapeur en cinq minutes.
Laissez-les refroidir un peu. Enlevez-les des coquilles, jetez ces dernières, passez l'eau à travers un linge fin et conservez cette eau.
Dans une cocotte de fonte, mettez un beau morceau de beurre. Lorsqu'il est fondu et fumant, jetez-y deux verres de riz sec. Remuez, attendez que le riz s'imbibe de graisse.
Pendant ce temps, ajoutez à l'eau des moules de l'eau chaude jusqu'à concurrence d'un volume de trois verres. Versez ce liquide bouillant et salé sur le riz. Couvrez et procédez pour la cuisson comme pour le rizzoto.
Lorsque le riz est parfaitement cuit, bien desséché, ajoutez les moules et servez.
Epicez avec un peu de muscade que vous grattez avec un couteau, et un peu de piment doux d'Espagne en poudre.

PILAF PERSAN

Le pilaf est un plat oriental. Pilaf veut dire riz, en turc, tout simplement.
En général, on le fait-avec du mouton. On peut le faire avec du porc ou de la volaille.
Prenez soit de l'épaule de mouton coupée en petits morceaux. soit du haut de côtelette. Prenez-en une livre et demie.
Dans une cocotte, faites revenir cette viande grasse dans un peu de beurre. Ajoutez des oignons coupés fin. Quand tout est bien doré, enlevez la graisse fondue et réservez-la.
Noyez cette viande dans trois verres et demi d"eau. Salez, épicez (thym, laurier, muscade, poivre). Portez à l'ébullition. Couvrez. Faites un petit feu et laissez cuire une heure et demie. La viande est cuite.
Alors, dans un autre récipient, mettez la graisse que vous aviez réservée. Faites-la fumer. Jetez-y deux verres de riz. Laissez-le s"imbiber. Noyez-le dans le bouillon où a cuit la viande. Couvrez. Cuisez et des. séchez comme le rizzoto à la milanaise.
Lorsque le riz est cuit et bien sec, vous ajoutez la viande. Réchauffez le tout et servez sur un plat et des assiettes très chaudes.

QUELQUES PLATS DE POISSONS ET DE MARÉE

LA CUISSON DES POISSONS

Pour faire cuire les poissons, vous pouvez employer toutes les méthodes que nous avons posées comme méthodes fondamentales. Vous pouvez faire bouillir les poissons dans un liquide parfumé appelé court-bouillon. Vous pouvez les faire frire en pleine graisse, les griller, les rôtir à la broche ou au four, ou les cuire à l'étouffée.
Vous n'avez plus qu'à accompagner ces poissons d'une sauce que vous pouvez faire varier pour obtenir une infinité de préparations. Passons-en quelque-une en revue.

LOTTE AU COURT-BOUILLON

La lotte est un poisson fort avantageux. Il est relativement peu cher et ne contient que très peu d'arêtes.
Sur l'étalage des marchands, il se présente très mal. Il ne faut pas s'en- effrayer. Une fois cuit, on peut l'orner de nombreuses façons.
Préparez un court-bouillon. C'est-à-dire faites bouillir trois litres d'eau avec du vin blanc et des aromates: oignons, poivre, thym, laurier, muscade râpée, un peu de curry, sel. Laissez bouillir jusqu'au moment où les oignons sont tout à fait mous. Le court-bouillon est prêt.
Plongez dans ce bain bouillant un morceau de lotte pesant un kilo environ. Laissez cuire à petit feu un quart d'heure par livre.
Sortez le poisson de l'eau, essuyez-le avec un linge et posez-le sur un plat. Vous pouvez servir ce poisson bouilli avec une sauce chaude quelconque. Ornez-le avec des feuilles de salade, des rondelles de betterave ou de petits radis roses coupés en deux. À froid, la lotte bouillie est excellente servie avec une sauce mayonnaise ou une simple vinaigrette.

MERLAN FRIT

Pour faire frire un merlan et lui donner belle allure, il faut le faire en pleine friture. Et, pour cela, il faut beaucoup de graisse. Avez une bassine et une friture spéciale pour le poisson. C'est ce qu'il y a de plus commode.
Comme friture, employez la graisse de rognon de bœuf fondue, mélangée avec un tiers d'huile d'arachide.
Pour faire frire le merlan, le mieux est de bien le laver après l'avoir vidé, l'essuyer convenablement, le plonger dans du lait et le rouler ensuite dans la farine.
Une fois ainsi fariné, posez délicatement le merlan dans la bassine à friture dans une graisse fumante. En dix minutes de cuisson, vous obtenez un résultat parfait.
Sortez le merlan de son bain avec précautions. Posez-le sur un plat bien chaud et ornez-le avec des rondelles de citron et du persil que vous avez jeté pour vingt secondes;dans la friture bouillante.

COLIN A L'ETOUFFEE

Le colin, se prête à toutes les méthodes de cuisson. Au court-bouillon, frit en tranches, il est très bon.
Dans les pays basques, on le fait cuire presque à l'étouffée, dans très peu de liquide, en marmite close.
Prenez quelques belles tranches de colin, lavez-les et essuyez-les.
D'autre part, dans une cocotte de fonte, faites fumer de l'huile d'olive. Ajoutez trois oignons coupés en morceaux et une gousse d'ail râpée. Faites revenir les oignons. Lorsqu'ils sont bien dorés, mouillez avec deux verres d'eau. Salez, épicez. Couvrez le récipient et laissez bouillir à petit feu pendant une demi-heure.
Alors déposez dans la cocotte les tranches de colin. Couvrez et, à tout petit feu, laissez mijoter une bonne heure.
A ce moment, préparez trois croûtons de pain frits à l'huile d'olive. Posez-les dans un plat creux. Sur chaque croûton, posez une tranche de colin. Arrosez avec la sauce... C'est exquis.

MULET AU FOUR

le mulet est un poisson de grand luxe. Rôti au four, il donne un résultat remarquable.
On peut, d'ailleurs, par la même méthode, traiter toutes sortes de poissons : rougets, maquereaux, grondins, etc...
Prenez un plat long dans lequel vous versez de l'huile d'olive. Posez-y le mulet pesant une livre et demie environ. Salez. Saupoudrez de piment rouge doux. Portez au four vif. Après dix minutes, commencez à badigeonner toutes les trois ou quatre minutes le poisson avec une branche de thym que vous trempez chaque fois dans l'huile chaude du plat. Retournez le poisson après vingt minutes.
Trois quarts d'heure de cuisson, et vous avez un plat dont vos invités se souviendront toujours.

RAIE AU BEURRE NOIR

La raie est un poisson démocratique qui n'en est pas moins recherché par les palais les plus raffinés. Ce n'est pas un poisson qui se vend très frais, car il est coriace de sa nature. Sa chair a besoin de se "rassir" un peu. Aussi, la raie ne doit-elle être consommée que par les estomacs robustes. Ajoutez à cela que le beurre noir qui l'accompagne classiquement est une préparation parfaitement indigeste à cause de l'acroléine qui se fait pendant le noircissement du beurre.
Faites bouillir de la raie à l'eau aromatisée et salée. Egouttez-la parfaitement et arrosez-la de beurre noir.
Pour faire ce dernier, vous posez sur une poêle à frire un gros morceau de beurre. Portez sur le feu. Le beurre fond, crépite, se tait, fume, devient acajou. Arrêtez-vous là. Retirez la poêle du feu. Attendez une minute et jetez dans ce beurre encore chaud du persil haché. Il crépite et frit. Si le beurre était trop refroidi, remettez la poêle sur le feu pour un instant.
Retirez du foyer, laissez refroidir une minute. Versez avec précaution une cuillère de vinaigre. Attention aux projections. Remettez sur petit feu. Donnez un bouillon. Arrosez le poisson avec cette sauce.
Quelques câpres ornent très bien ce plat.

MAQUEREAU GRILLE

Prenez plutôt de petits maquereaux. Ils sont moins huileux et par suite beaucoup plus digestibles.
Incisez-les avec un couteau très tranchant en quelques endroits. Badigeonnez-les avec du beurre fondu et clarifié ou avec de l'huile. Posez-les sur un gril bien chauffé d'avance.
La meilleure grillade sera au charbon de bois, mais on a rarement l'occasion, du moins à la ville, de la faire ainsi.
Sous une rampe à gaz, on fait d'excellente poissons grillés.
Posez donc vos petits maquereaux sur le gril, quel qu'il soit, et chauffez. Dès qu'ils ont pris belle culeur, qu'ils commence à se boursoufler, vous les retournez, les rebadigeonnez et attendez la cuisson complète en surveillant le feu.
Dix minute suffisent tout à fait. Salez. Servez sur un plat chaud avec des rondelles de citron et du persil vert.

HARENG SAUCE MOUTARDE

Prenez de beaux harengs laités, fendez-les et extrayez la laitance. Hachez cette dernière, mélangez-la avec son volume de pomme reinette hachée. Salez légèrement, épicez avec du poivre de Cayenne (à peine la valeur d'un petit grain de café) et faites revenir cette farce, au beurre, à la poêle, pendant cinq Minutes.
Passez les harengs à la farine. Faites-les frire dans un peu de beurre dans une poêle. Retournez-les au bon moment et continuez la cuisson. Elle est complète en dix minutes. Salez. Pendant ce temps, préparez une sauce moutarde comme vous avez appris à la faire au chapitre spécial des sauces.
Sur un plat, dressez les harengs côte à côte. Recouvrez-les d'une petite couche de hachis de laitance. Saupoudrez de piment doux d'Espagne. Entourez avec la sauce moutarde, Servez.

SOLE A LA NORMANDE

Prélevez les filets de deux belles soles. Pour cela, enlevez

la peau (certains cuisiniers ne l'enlèvent qu'après). Avec un couteau bien tranchant, incisez tout le long de la colonne vertébrale, puis tout autour du poisson, au ras des arêtes. Alors vous passez sous les filets avec un couteau et ainsi vous les décollez.
Faites cuire cinq minutes ces filets dans du vin blanc aromatisé et salé. Réservez et tenez-les au chaud.
Faites bouillir une demi-heure les os et les têtes des soles dans le même vin blanc. Passez et recueillez le liquide. Maniez de la crème avec un peu de farine. Liez le vin blanc. Ajoutez quelques crevettes et quelques moules déjà cuites et épluchées. Arrosez les filets avec cette sauce. Servez.
Il est classique d'ajouter à cette garniture des écrevisses cuites et des éperlans frits. Les écrevisses, passe encore; mais les éperlans frits se détrempent ensuite dans la sauce, prennent un goût de graillon très désagréable. Evitez cette pratique.

BOUILLABAISSE

La bouillabaisse ne peut se manger qu'à Marseille... Le fait est que la Méditerranée fournit des espèces de poissons de roches qui sont caractéristiques de ce plat quasi-national.
On peut essayer de copier cette préparation dans tous les pays où on a des poissons de mer. Ce qu'on obtient n'est pas la bouillabaisse, c'est un plat qui s'en rapproche. Pour ce faire, prenez des poissons à chair ferme tels que la vive, le congre, le jeune maquereau, la lotte. Ajoutez-y un petit homard. Découpez le tout en tronçons et faites-les revenir dans l'huile qui a doré trois oignons coupés en morceaux et une gousse d'ail hachée.
Lorsque le poisson est bien imbibé d'huile, couvrez-le largement d'eau froide. Faite un grand feu. Salez, ajoutez un gramme de safran, du poivre et du piment rouge d'Espagne. Faites bouillir à gros bouillons. Faite ouvrir des moules en les plaçant sur le feu, dans une casserole. Sortez-les de leurs coquilles et ajoutez à la bouillabaisse ces moules et l'eau qu'elles ont rendue. La bouillabaisse est prête.
Servez à part le bouillon avec des rondelles de pain rassis, frites ou non à l'huile d'olive, suivant votre goût. Après ce

potage, servez le poisson arrosé de pas mal de jus.

BROCHET FARCI

Pour farcir un brochet ou un poisson quelconque, il ne suffit pas de remplir sa cavité viscérale d'une farce. Il faut tout d'abord le désosser, en ne lésant pas la continuité de l'animal.

Prenez un brochet par exemple. Il est déjà gratté et vidé par les ouïes. Vous enlevez, par quelques coups de ciseaux, toutes les nageoires. Vous le fendez avec un couteau, sur le dos, le long de la colonne vertébrale. Avec une cuillère, vous décollez les muscles des côtes en glissant sur celles-ci. Vous procédez ainsi des deux côtés du corps. A l'aide de ciseaux, vous coupez la colonne vertébrale à la tête et à la queue et vous l'enlevez facilement. Le brochet est désossé.

Faites une farce quelconque, à votre goût. Pour cela, récupérez ce que vous pouvez trouver de chair sur les os. Hachez-la avec de la mie de pain rassis imbibée de lait, la laitance de l'animal, des champignons, des oignons cuits, de l'oseille. Passez cette masse à la poêle dans du beurre. Salez, épicez. Laissez refroidir. Ajoutez un oeuf cru. Maniez le tout ensemble. Remplisses le brochet et recousez sur le dos. Faites attention de ne pas trop le bourrer ; il éclaterait à la cuisson.

Bardez de lard et ficelez l'animal ainsi prépare. Portez-le au four pour trois quarts d'heure. Arrosez fréquemment avec du beurre, le lard fondu et finalement avec de l'eau ou du bouillon de poisson.

Liez cette sauce avec de la crème maniée. Déficelez et servez.

MATELOTE DANGUILLES

Faites un roux avec du beurre, des oignons, une petite gousse d'ail hachée et de la farine. Mouillez avec du bon, très bon vin rouge. Salez, épicez. Laissez cuire cette sauce pendant une bonne demi-heure avec des champignons coupés en rondelles.

Pendant ce temps, dépouillez les anguilles après les avoir assommées en leur frappant la tête contre une pierre.

Coupez-les en tronçons. Jetez ceux-ci dans la sauce. Laissez cuire vingt minutes. Servez avec des croûtons Passés au beurre.

MEURETTE

La meurette est une matelote bourguignonne qui est plus légère que la préparation précédente.
Coupez l'anguille en tronçons. Faites cuire ceux-ci dans du vin rouge avec des oignons, des champignons, du sel et des épices... Après une demi-heure de cuisson, liez avec du beurre manié.

FRITURE DE GOUJONS

Videz les poissons. Faites-les bien sécher. Trempez-les dans une pâte que vous ferez avec un oeuf, un verre de bière et de la farine. Cette pâte doit être assez épaisse pour bien adhérer aux poissons et ne pas couler à leur surface.
Ayez une friture très chaude, fumante. Jetez-y les poissons enduits de pâte un à un, très rapidement. Lorsqu'ils sont tous cuits, sortez-les de la graisse, réchauffez la friture et replongez-les dans la friture très fumante. Trente secondes après, les poissons croustillent. Sortez-les, égouttez-les, rangez-les en buisson sur un plat chaud couvert d'une serviette. Couronnez la pyramide d'un bouquet de persil vert. Entourez-la de persil frit.

MORUE A LA MORNAY

Faites bouillir dans l'eau de la morue bien dessalée. Elle est cuite en dix minutes. Retirez la morue. Dans la même eau, faites cuire des pommes de terre épluchées. Lorsque les pommes de terre sont cuites, remettez la morue dans l'eau pour la réchauffer. Sortez poisson et légumes de l'eau, égouttez-les très soigneusement et posez-les sur un plat allant au four. Arrosez d'une sauce Mornay; saupoudrez de parmesan. Faites gratiner.

COQUILLES SAINT-JACQUES

Il existe de nombreuses façons de préparer ce mollusque. Toutes ont l'inconvénient de masquer son goût exquis. Prenez donc la plus simple de ces techniques.
Lavez bien les coquilles à la brosse. Ouvrez-les à l'aide d'un couteau. Extrayez l'animal. D'un coup de ciseaux, enlevez la glande noire. Lavez les mollusques à grande eau et jetez-les dans une petite casserole où bout depuis vingt minutes un peu de vin blanc avec des échalotes. Cinq minutes de cuisson et la chair est prête.
Dans chaque coquille creuse, déposez un animal coupé en cinq morceaux.
Liez le liquide de cuisson avec du beurre manié. Salez, épicez. Versez cette sauce dans les coquilles.
Une poussière de parmesan. Cinq minutes au four à gaz.
Deux coquilles par personne, bien entendu.

MOULES MARINIERES

Plat merveilleux fait en cinq minutes et rappelant sous toutes les latitudes les senteurs de l'Océan.
Achetez plutôt les petites moules. Elles sont plus parfumées que les grosses. Grattez-les, lavez-les bien. Examinez-les une à une pour voir s'il n'y a pas parmi elles des coquilles sans mollusque et remplies de vase.
Lorsqu'elles sont prêtes, brillantes et nettes, mettez-les dans une très grande casserole. Couvrez et portez sur un feu très vif. En cinq minutes, elles s'ouvrent, jettent leur eau. Celle-ci bout. Les moules cuisent à la vapeur. Retirez les moules du récipient. Versez l'eau dans une petite casserole en rejetant le sable s'il y en avait.
A cette eau, ajoutez du beurre, du persil haché très fin, un peu de jus de citron. Portez à l'ébullition. Servez les moules dans un légumier, la sauce à part, et donnez à chacun une assiette creuse.
Les moules se mangent à la coquille, avec les doigts; la sauce se cueille aussi à la coquille. C'est là un des charmes de la préparation.

EREVISSES AU VIN BLANC

Pour faire cuire les écrevisses, il faut employer un court-bouillon composé presque uniquement de vin blanc. Celui-ci doit être très sec. Les vins d'Alsace se prêtent très bien à cette préparation. Parfumez ce court-bouillon avec du poivre de Cayenne, un peu de thym, pas de laurier, et du fenouil si vous en avez.
Pendant que le court-bouillon cuit sur le feu, videz les écrevisses et, pour ce, arrachez la nageoire centrale de la queue. Tirez, l'intestin vient avec. Jetez les écrevisses ainsi parées dans le bouillon, rétablissez l'ébullition et laissez cuire pendant dix minutes. Enlevez la casserole du feu et laissez refroidir les crustacés dans leur bain de cuisson. Sortez-les, égouttez-les et dressez-les, en buisson avant de les servir.

LANGOUSTE MAYONNAISE

Achetez une langouste vivante. Ficelez-la et plongez-la dans un court-bouillon bien épicé. Rétablissez l'ébullition et laissez cuire vingt minutes pour un animal de taille moyenne.
Laissez la langouste dans son bain de cuisson et laissez-la refroidir. Sortez-la de l'eau. Servez avec une sauce mayonnaise.

HOMARD A L'AMERICAINE

Il existe de nombreuses formules de homard à l'américaine. En voici une qui est facile à exécuter.
Prenez un ou plusieurs homards, et coupez-les en tronçons. Jetez les morceaux dans une casserole où vous avez fait chauffer et fumer de l'huile d'olive avec une gousse d'ail coupée fin. Laissez-les sur le feu tant
q'ils n'ont pas changé de teinte. Alors, arrosez-les avec un verre de vin blanc, un verre de madère, de la sauce tomate. Salez, poivrez, ajoutez du Cayenne et des fines herbes hachées. Couvrez et laissez cuire un quart d'heure. Si la sauce est trop liquide, liez-la en saupoudrant le tout avec un peu de mie de pain rassis émiettée. Avant de

servir, ajoutez un verre de cognac, donnez trente secondes d'ébullition. Servez sur des assiettes. bien chaudes.

ESCARGOTS DE BOURGOGNE

Faire cuire des escargots n'est pas difficile, mais les laver, les nettoyer préalablement est un travail qui n'a rien de bien agréable. Aussi faut-il l'entreprendre, à la campagne, le jour où vous aurez de nombreux amis pour vous aider.
Laissez tout d'abord jeûner les escargots pendant quatre jours. Ils se vident; leur prison devient un cloaque peu appétissant.
Vous les lavez alors à grande eau courante, en les brassant et faisant déborder l'eau.
Après dix minutes de ce travail, ils sont nettoyés.
Jetez-les alors dans une grande bassine d'eau bouillante légèrement salée. Les escargots meurent immédiatement, mais, avant de mourir, ils jettent du mucus baveux. Laissez bouillir un quart d'heure.
Videz l'eau, versez de l'eau froide, juste pour couvrir les escargots. Ajoutez à cette eau deux cuillères de vinaigre. Immédiatement, la bave se solidifie. Brassez alors les coquilles, changez d'eau.
Un à un, avec un clou ou une grosse épingle, sortez les escargots des coquilles, lavez-les encore et portez-les à cuire dans un court-bouillon très relevé et très aromatisé. Laissez cuire deux heures au moins.
Pendant ce temps, lavez bien les coquilles, faites-les sécher et préparez votre beurre. Pour cela, prenez-en trois quarts de livre, maniez-le avec du persil haché, de l'ail râpé, du sel et un peu de poivre. Laissez ce beurre se parfumer lentement.
Lorsque les escargots sont cuits, sortez-les du court-bouillon, laissez-les refroidir et remettez une bête par coquille. A laide d'un couteau, fermez chaque coquille avec un bouchon de beurre aromatisé et attendez l'heure du repas.
Placez les escargots ainsi préparés dans des plats, en ayant soin de tourner l'orifice de la coquille vers le haut. Ainsi, en fondant, le beurre ne s'écoulera pas. Portez au four pour faire réchauffer. A défaut de four, réchauffez sur une poêle à frire contenant une cuillère d'eau.
Servez très chaud.

QUELQUE ENTREES DE VIANDE D'ABATS ET DE CHARCUTERIE

BOEUF BOUILLI

Certes, ce n'est pas un plat d'apparat, mais lorsqu'on l'offre à quelqu'un, c'est une preuve de réelle amitié et de bonne intimité. Réservez-le donc pour les réceptions sans cérémonie.
Est-ce à dire que le bœuf bouilli est un plat bon marché? Non, de nos jours, c'est un plat cher. Tout d'abord, le plat de côte n'est pas bon marché; puis, lorsqu'il est bien présenté, on en mange beaucoup plus que si on avait affaire à un rôti. Ajoutez à cela le prix des légumes, et vous verrez que le bœuf bouilli peut déjà être considéré comme un plat de demi-luxe.
Prenez donc un kilo ou trois livres de plat de côte pas trop gras. Faites-le bouillir dans peu d'eau salée, avec beaucoup de légumes, ainsi que vous avez appris à le faire au chapitre spécial de la cuisson à l'eau. N'oubliez pas l'os à moelle et un petit chou bien pommé. Laissez bouillir trois heures. Ajoutez une saucisse de campagne et faites cuire encore une demi-heure.
Pendant ce temps, faites frire des tranches de pain dans le beurre et conservez-les au chaud. Dressez votre plat. Posez le plat de côte sur un grand plat. Entourez avec les carottes et navets bouillis. A chaque extrémité, posez une moitié de chou. Bordez le tout en faisant alterner des rondelles de saucisse et des croûtons enduits de moelle.
Une bonne moutarde, du gros sel et du raifort râpé précéderont, sur la table, l'arrivée du plat.

BOEUF A LA FICELLE

Le bœuf bouilli passe pour être indigeste... C'est faux. Il est critiqué parce qu'il est toujours trop cuit. On peut, non pas le remplacer, mais lui substituer le bœuf à la ficelle.
C'est un bœuf bouilli, mais servi saignant. Bien entendu, il faut, pour qu'il soit tendre, employer une viande de qualité

supérieure.
Prenez une livre et demie de romsteck. Liez-le. Réservez une longue ficelle qui permettra de le suspendre dans une casserole sans qu'il touche le fond.
Ayez du bouillon de pot-au-feu bouillant dans une marmite. Plongez le romsteck. Attachez l'extrémité de la ficelle après l'anse du récipient. Couvrez ce dernier et laissez bouillir un quart d'heure par livre.
Servez avec du gros sel et des cornichons. C'est le plat de prédilection des marchands de bestiaux. C'est exquis.

ENTRECOTE GRILLÉ

L'entrecôte est le morceau rêvé pour faire une bonne grillade. Il est gras à point, sa chair en est persillée. Il est presque inutile de le badigeonner d'huile ou de beurre clarifié avant de le faire cuire.
Prenez un entrecôte pesant 750 grammes. Plus petit, il vous donnera un mauvais résultat. Plus gros, il devient déjà du domaine du rôti.
Préparez un feu de braise. Chauffez le gril bien propre. Puis posez dessus la viande non salée. Inspirez-vous de ce que vous avez appris au chapitre de la grillade et contemplez avec amour les progrès de la cuisson. Dix minutes par livre suffisent. En l'occurrence, il vous faut laisser la viande sur le feu un demi-quart d'heure sur chaque face. A la fin seulement, salez au sel fin et sec. Posez sur un plat brûlant, entourez de pommes de terre frites et de quelques feuilles de cresson.
Vous pouvez remplacer le cresson par des copeaux de raifort râpés au couteau.

ENTRECOTE BERCY

Ce plat est le triomphe de quelques "marchands de vin " parisiens. Il consiste en un bel entrecôte grillé recouvert d'une purée d'échalotes cuites dans du vin blanc.
Préparez d'avance cette garniture classique. Pour cela, hachez bien fin 125 grammes d'échalotes. Faites-les cuire une bonne demi-heure dans un verre de vin blanc bien sec. Petit à petit, le vin s'évaporera et il vous restera une purée

d'échalotes. Salez légèrement. Ajoutez un beau morceau de beurre. Lorsqu'il est fondu, pressez un demi-citron et mélangez le tout avec du persil haché.
Votre entrecôte est prêt... Posez-le sur un plat. Couvrez avec la garniture. Quelques pommes de terre soufflées et... portez à table.

BIFTECK SUR LE GRIL

Vous venez de voir quelle est la meilleure grillade: c'est l'entrecôte. On peut cependant faire d'exquis filets, faux-filets, romstecks sur le gril. Seulement il faut avoir soin de les badigeonner de beurre fondu et clarifié. Faites-le avec un pinceau que vous réserverez à cet usage. Suivez les bonnes règles et ne faites griller que des biftecks ayant au moins deux à trois centimètres d'épaisseur. Servez-vous d'un gril bien chaud, sur un feu très vif. Pour les petites pièces, ne dépassez jamais dix minutes de cuisson par livre.
Ayez un très bon couteau pour découper le bifteck. Il faut que la coupe se présente nette et lisse; alors on voit le sang faire issue sous le couteau et réveiller les instincts carnivores de tous les convives.
Pommes de terre frites et cresson comme garniture.

BIFTECK A LA POELE

Ce titre fera peu-être bondir les vrais amateurs de viande qui soutiennent qu'un bifteck doit toujours être fait sur le gril. Cependant, dans nos villes, le fourneau à charbon de bois devient de plus en plus rare et le bifteck grillé sous le gaz ne satisfait pas toujours les esprits ennemis du progrès. Aussi, nombreuses sont les maisons où l'on fait le bifteck à la poêle.
Pour réussir, je vous conseille:
1° ouvrir la fenêtre de la cuisine;
2° De poser sur le feu une poêle dont la dimension ne dépasse pas beaucoup celle du morceau de viande ;
3° D'y poser un très petit morceau de beurre et d'attendre qu'il soit brûlant.
Alors, posez votre bifteck qui pèse une livre sur le beurre fumant. La cuisine s'emplit de fumée... la fenêtre est ouverte... peu importe. Au contact direct du métal brûlant, la

viande se caramélise presque comme sur le gril. Retournez le bifteck après cinq minutes. Cuisez l'autre face. Salez. Posez sur un plat très chaud:

1° Un morceau de beurre ;

2° Le bifteck.

Remettez du beurre dessus et ornez d'une poussière de persil haché très fin. Quelques amateurs arrosent avec quelques gouttes de jus de citron.

TOUSNEDOS GRILLÉS

Les tournedos sont des tranches de filet de bœuf de deux centimètres d'épaisseur. Ils se vendent, du moins à Paris, déjà entourés d'une barde de lard gras.

Vous pouvez les préparer soit à la poêle, soit sur le gril. Je vous recommande plutôt la première méthode, car vous pourrez, à peu de frais, préparer rapidement une sauce pour les tournedos.

Faites donc l'acquisition d'autant de tournedos que vous avez de convives à votre table. Sur la poêle bien chaude, posez un morceau de beurre; lorsqu'il fume, posez vos tournedos. Faites un grand feu.

De temps à autre, imprimez à la poêle un petit mouvement de trémulation pour mobiliser les tournedos, les empêcher d'attacher, et répartir également le beurre sur les différentes parties de la poêle.

Cinq minutes, et il vous faut retourner les morceaux de viande. Trois ou quatre minutes, ils sont cuits. Enlevez-les de la poêle, posez-les au chaud sur un plat.

Déglacez la poêle avec un peu de madère. Donnez un bouillon. Si vous voulez une sauce plus liée, ajoutez une cuillère d'eau froide dans laquelle vous aurez mis en suspension une pointe de couteau de fécule. Redonnez un bouillon. Ajoutez un petit verre de cognac. Faites bouillir une demi-minute. Versez sur les tournedos.

Les tournedos peuvent être ornés de maintes façon. Posez-les sur des croûtons, garnissez-les de champignons à la crème, couvrez-les d'une tranche de foie gras ou d'un oeuf poché. Laissez-vous aller à toute votre fantaisie et vous obtiendrez chaque fois un plat nouveau.

Entourez-les presque toujours de pommes paille.

GOULACHE

Voici une formule de goulache que j'ai ramenée de Hongrie. C'est un plat hongrois... Monsieur de La Palisse vous l'aurait dit.
Prenez un kilo de macreuse ou de gîte à la noix de bœuf. Coupez cette viande en morceaux gros comme des noix.
Achetez en même temps 500 grammes d'oignons. Coupez-les en menus morceaux. Ayez toujours chez vous de la paprika (poivre rouge en poudre, assez fort) et du piment doux d'Espagne (poivre rouge en poudre, très fort).
Dans le fond d'une cocotte, faites fondre 125 gr. De lard gras. Ceci étant fait, déposez dans le fond, sur le lard, la moitié de la viande. Recouvrez avec un lit d'oignons. Salez, saupoudrez avec deux cuillères à café de piment doux et une demi-cuillère à café de paprika.
Remettez une couche de viande, le reste des oignons. Salez et épicez comme précédemment. Couvrez. Portez sur feu vif pendant 10 minutes. Baissez le feu et laissez mijoter trois heures.
L'eau des oignons suffit pour faire la sauce. Si elle s'évaporait, vous pourriez rajouter un peu d'eau.
Servez avec des pommes de terre bouillies à l'anglaise.
J'ai vu parfois le goulache servi comme une soupe, on le mangeait à la cuillère. Pour obtenir ce résultat, il faut, bien entendu, ajouter de l'eau à la sauce, en assez grande quantité.

BOEUF BOURGUIGNON

Plat national d'une de nos plus belles provinces de France.
Dans une cocotte, versez une demi-bouteille de vieux vin rouge de Bourgogne. Ajoutez oignons coupés, une échalote, un peu de poivre et du sel. Couvrez. Faites bouillir. Si le vin est bon, on peut l'enflammer au moment où l'ébullition commence. Alors jetez dans ce vin bouillant des morceaux de viande de bœuf gros comme de très petits oeufs.
Laissez bouillir trois heures à tout petit feu, en récipient couvert.
Avant de servir, liez avec du beurre manié.

BLANQUETTE DE VEAU

Il existe de nombreuses façons de faire la blanquette. En voici une qui vous donnera toujours satisfaction.
Achetez de la poitrine de veau coupée en morceaux. Votre boucher vous conseillera toujours sur le morceau à prendre. Traitez ces morceaux comme un pot-au-feu. Plongez-les dans de l'eau froide (juste assez d'eau pour les recouvrir convenablement). Salez. Faites bouillir et écumez. Alors ajoutez des légumes : carottes, navets, poireaux. Baissez le feu et laissez mitonner deux heures au moins.
Sortez la viande et les légumes et mettez-les séparément sur deux assiettes.
Avec le bouillon, préparez une sauce blanche (voyez : sauce). Remettez la viande dans la sauce. Réchauffez. Avant de servir, ajoutez à la sauce soit de la crème, soit deux jaunes d'œufs. Amalgamez bien le tout. Posez sur le feu, ne faites pas bouillir, surtout si vous avez mis des jaunes d'œufs. Ornez le plat avec les légumes et servez, à part, du riz cuit à la créole.

ESCALOPES DE VEAU

Il en est des escalopes comme des tournedos. Une fois qu'on sait bien les préparer, on peut faire varier à l'infini le nombre de préparations qu'on peut en tirer.
Pour bien faire les escalopes de veau, il faut les choisir de bonne taille : 150 à 180 grammes environ. Il faut avoir une poêle bien propre, du beurre d'excellente qualité et un peu de farine. Pendant que le beurre fond sur la poêle, couvrez les escalopes de farine en les retournant sur une assiette copieusement enfarinée. Avec les doigts, faites adhérer la farine. Posez alors les escalopes ainsi préparées sur le beurre fumant. Baissez le feu pour ne pas faire brûler.
De temps à autre, relevez l'escalope et donnez un coup d'œil sur la face inférieure. Dès qu'elle devient d'une couleur d'or rouge, retournez la viande.
Le feu doit toujours être assez fort pour que les escalopes restent sèches. Si vous voyez du jus sourdre de la viande, il faut activer le feu. En douze à quinze minutes, les escalopes sont prêtes. Salez. Sortez-les de la poêle. Posez-les sur un

plat au chaud et déglacez la poêle avec un peu d'eau ou de bouillon. Ainsi vous ferez une petite sauce.

ESCALOPES AUX OLIVES

Voici déjà une variante des escalopes précédentes. Dès que vous avez fini les escalopes, laissez-les au chaud. Déglacez la poêle avec un peu de vin blanc. Lorsque la sauce est bien liée, ajoutez 125 grammes d'olives vertes dont vous avez préalablement enlevé les noyaux. Laissez mijoter à petit feu pendant cinq minutes.
Arrosez les escalopes avec la sauce, en ayant soin de laisser les olives sur les escalopes.
On peut, au lieu d'olives vertes, employer des olives noires. Elles communiquent à la sauce et à la viande un goût très prononcé qui n'est pas apprécié de tout le monde. Saupoudrez, dans les deux cas, avec un peu de piment doux en poudre.

ESCALOPES A LA CRÈME

Faites des escalopes à la poêle. Déglacez avec un peu de bouillon. Ajoutez à la sauce un quart de crème épaisse. Mélangez bien le tout ensemble, chauffez et arrêtez-vous au premier bouillon.
Versez la sauce sur les escalopes et servez avec des nouilles bien fromagées.

ESCALOPES AUX TOMATES

On pourrait multiplier à l'infini les variations sur le thème escalope. Celle-ci sera la dernière.
Préparez les escalopes à la poêle. Déglacez avec du bouillon. Ajoutez de la purée de tomate. Donnez un bouillon. Arrosez les escalopes avec cette sauce. Servez avec de la semoule de maïs cuite très épaisse. C'est la polenta.

ESCALOPES VIENNOISE

Pour faire des escalopes viennoise, ayez tout d'abord une escalope de 180 grammes par personne. Ceci fait, posez

devant vous trois assiettes. L'une
Contient de la farine. Dans la deuxième, il y a un œuf battu comme pour une omelette. La troisième contient de la chapelure blonde ou de la mie de pain rassis émiettée. Trempez une à une les escalopes :
1° Dans la farine ;
2° Dans l'œuf battu ;
3° Dans la chapelure.
Avec les doigts, lassez bien la chapelure sur la viande, et posez ces escalopes ainsi préparées sur une poêle à frire où fume du beurre bien chaud. Ce dernier peut être remplacé avec avantage par du saindoux que vous aurez préparé vous-même en faisant fondre de la panne de porc.
Le feu doit être assez vif, sans être trop fort. Les escalopes, très rapidement, jaunissent, puis se dorent. Vous les retournez. Cinq minutes encore de cuisson et elles sont prêtes. Si la poêle est trop petite pour faire à la fois toutes les escalopes, vous n'avez qu'à les faire frire en deux fois. Dans ces conditions, il faut enlever le beurre de la première poêlée, essuyer l'ustensile avec du papier et employer un nouveau beurre pour la suite. Autrement, vous aurez toujours des points carbonisés sur les dernières escalopes.
Servez sur une serviette chaude avec des rondelles de citron. A Vienne, on les accompagne souvent d'une salade de pommes de terre.

PAUPIETTES DE VEAU

Les paupiettes de veau peuvent déjà être rangées dans la catégorie d'une cuisine plus savante.
Ce sont des escalopes roulées et contenant à leur intérieur une farce quelconque. Celle-ci peut contenir quelques restes de la veille. Par exemple : du jambon et des champignons.
Hachez un peu de jambon, des champignons et un oignon coupé et cuit. Ajoutez un volume égal de mie de pain rassis mouillé avec du lait et parfaitement exprimé.
Maniez le tout ensemble. Salez, épicez à votre goût. Passez cette farce au beurre, à la poêle. Laissez-la refroidir et malaxez avec un jaune d'œuf. Vous obtenez une sorte de pommade avec laquelle vous tartinez les escalopes. Celles-ci doivent être excessivement minces et grandes comme une

petite paume de main. Plus elles seront minces, plus facile sera l'exécution du plat.
Une fois enduites de farce, les escalopes seront roulées et ficelées.
Faites-les revenir dans le beurre, rangez-les dans une petite marmite, ajoutez un oignon coupé fin, une demi-gousse d'ail râpé, un peu de purée de tomates. Mouillez avec de l'eau ou du bouillon. Couvrez le récipient et laissez mijoter sur le feu pendant une heure et demie.
Si vous avez trop de farce, ajoutez-la à la sauce. Allongez celle-ci de façon qu'elle soit présentable. Servez avec du riz cuit à la créole.

COTES DE VEAU MILANAISE

Si vous savez faire les escalopes viennoise, vous savez faire les côtelettes milanaise.
Prenez des côtelettes de veau peu épaisses, c'est préférable. Passez-les à la farine, à l'œuf, puis à la mie de pain ou à la chapelure blonde. Posez-les sur du beurre chaud, dans une poêle. Activez le feu pour que l'opération aille rondement. Lorsque la panure inférieure est sèche et dorée, retournez les côtelettes. Attendez cinq minutes; les côtelettes sont prêtes. Mais, tandis que les escalopes viennoise se servent très, sèches, les côtelettes milanaise se servent arrosées de beurre fondu.
Il est de coutume, en France, de les accompagner d'une garniture de nouilles. Nous sommes, en cela, plus italiens que les Italiens eux-mêmes. En effet, les nouilles, ainsi que toutes les pâtes, se servent, en Italie, au début du repas. Servez plutôt avec quelques feuilles de laitue à l'huile et au vinaigre.

VEAU MARENGO

On raconte toutes sortes d'histoires sur l'origine du veau marengo. Je n'en Citerai aucune. Je constate simplement le fait que ce plat est devenu un plat régional parisien. Il figure, en effet, à côté du navarin aux pommes sur la carte des marchands de vin parisien. Ces derniers ne sont, certes, pas les temples célèbres représentent de la gastronomie française; ils représentent néanmoins le goût du vrai peuple

parisien. Dans la majorité des cas, on y trouve quelques plats fort bien cuisinés; le veau marengo est du nombre.
Achetez chez le boucher un "ragoût de veau". Si vous avez sa confiance, il vous servira toujours bien. C'est une denrée d'un prix très abordable; prenez-en donc un kilo.
Dans une cocotte de fonte, faites chauffer deux cuillères d'huile d'olive. Lorsqu'elle fume, jetez-y, les morceaux de veau et laissez-les revenir. C'est assez long, je vous avertis. Lorsqu'ils sont dorés, ajoutez une dizaine de petits oignons épluchés. Ils se dorent et communiquent leur couleur à la viande. Saupoudrez alors le tout avec deux bonnes cuillères de farine. Remuez, faites-lui prendre couleur. Ajoutez un quart de champignons coupés en lames minces (s'ils sont chers; autrement, mettez-les coupés en deux). Mouillez avec de l'eau froide. Maniez le tout. La sauce épaissit. Epicez à votre goût. Ajoutez de la purée de tomates. Couvrez et laissez mijoter pendant deux bonnes heures. Le résultat est un plat exquis. Servez avec des pommes de terre cuites à l'anglaise ou avec un riz cuit à la créole en suivant tous les préceptes de l'art.

RAGOUT DE VEAU AUX PETITS POIS

Vous savez le faire, puisque le principe de confection en est le même que celui du veau marengo, quoique les éléments soient tout à fait différents. Je vous conseille cependant pas d'employer de farine.
Dans une cocotte, du beurre qui fume. Jetez-y un kilo de ragoût de veau. Faites revenir. La viande est doré plus rapidement que dans l'huile. Quelques oignons. Ils se dorent à leur tour. Salez. Mouillez avec un peu d'eau. Aucune épice. Couvrez et laissez mijoter une heure et demi. Alors, laissez tomber dans le récipient des petits pois fraîchement écossés et une petite laitue bien ficelée. Rétablissez l'ébullition. Couvrez, laissez sur un petit feu pendant une demi-heure. Retirez la laitue et sentez le parfum qui
Se dégage de votre ragoût. Si les petits pois étaient de bonne qualité, c'est un plat divin.
En hiver, cuisez la viande deux heures après l'avoir mouillée avec l'eau d'une boîte de petits pois. Ajoutez les petits pois au dernier moment, réchauffez et Servez.

GIGOT A L'ANGLAISE

Les plats de cuisine anglaise sont peu prisés par le goût français. Il y en a cependant de fort bons. Le gigot bouilli est du nombre.
Préparez un bouillon de légumes bien parfumé. Pour cela, faites bouillir pendant une heure des carottes, des navets, du céleri, un oignon, une feuille de laurier et des épices dans un pot-au-feu avec quatre litres d'eau salée.
Vous avez acheté un petit gigot de trois à quatre livres et l'avez fait envelopper d'une "toilette" par le boucher.
Dans le court-bouillon bouillant, vous plongez le gigot. Activez le feu, l'ébullition se rétablit. Comptez alors un quart d'heure de cuisson par livre de viande.
Le gigot est cuit. Sortez-le de l'eau, enlevez la toilette. Posez-le sur un plat bien chaud et servez-le avec une purée de navets et une sauce blanche aux câpres.
Je vous conseille de faire la sauce blanche pendant la cuisson du gigot et, pour cela, de prélever un peu du bouillon parfumé pour mouiller le roux blanc. C'eu ainsi qu'on fait en Angleterre.

COTELETTES DE MOUTON

Il y en a de quatre sortes. Les côtelettes premières; la viande en est parfaitement adhérente à l'os. Les côtelettes secondes ; la viande se décolle de l'os. Les côtelette, dans le filet ou mutton-shop. Les côtelettes dans le gigot qui sont des escalopes de selle de mouton désossée.
Les premières sont chères, les deuxièmes moins bonnes, les troisièmes très osseuses et les quatrièmes très avantageuses. Quant au goût... chacun a ses préférences; n'en parlons pas.
Une bonne côtelette est faîte sur le charbon de bois. On peut la faire sous la rampe à gaz. On peut la faire aussi à la poêle. Au chapitre des grillades, j'ai longuement insisté sur la technique à employer. Rappelez-vous que le feu doit être intense et, si vous la faites à la poêle, qu'il faut employer très peu de beurre. Plus elle sera saignante, meilleure elle sera. Pour bien faire, il faudrait la manger à la cuisine, car toutes les secondes qui la séparent de votre assiette en atténuent

les qualités. Quelques pommes frites et quelques feuilles de cresson sont l'accompagnement tout naturel.
Les côtelettes d'agneau se marient bien avec une purée de pommes de terre très fine.

NAVARIN AUX POMMES

Pourquoi navarin? Dans mon jeune âge, on disait ragoût. Aujourd'hui, on dit "sauté". Question de modes.
Le navarin aux pommes est le plat national français. Honneur à lui ! Pour le confectionner, achetez une livre d'épaule de mouton coupée en morceaux et une livre de haut de côtelettes. Ce sont les morceaux de
choix. Le collier est bon marché, mais contient beaucoup d'os. Dans une cocotte de fonte, faites revenir au beurre ou au saindoux les morceaux de mouton. Lorsqu'ils sont bien dorés, ajoutez deux oignons coupés en morceaux. Laissez prendre couleur foncée. Salez, poivrez très légèrement. Saupoudrez de farine. Laissez-la roussir. Mouillez avec de l'eau froide. Ajoutez des épices, du thym, une feuille de laurier. Lorsque la sauce est liée, couvrez et laissez cuire une heure et demie au moins. A ce moment, vérifiez s'il y a assez de sauce. Celle-ci doit être assez liquide. Alors vous ajoutez des pommes de terre peu farineuses coupées en gros fragments. Les pommes de terre nouvelles doivent être préférées.
Couvrez, laissez cuire une demi-heure. Le ragoût est prêt. Vous n'avez qu'à servir après avoir saupoudré d'une poussière de persil haché très fin.
Donnez des assiettes très chaudes, autrement la graisse de mouton se fige.

HARICOT DE MOUTON

Au xv° siècle, haligoter voulait dire couper en morceaux. D'où haligot de mouton, ce qui se traduit aujourd'hui ragoût de mouton.
Mais le mot se déforma et devint haricot de mouton. On peut donc faire un haligot et par suite un haricot de mouton sans employer de haricots. Néanmoins, le client du restaurateur qui verrait arriver dans son assiette un haricot de mouton

sans haricots élèverait des protestations. Pour ne pas recevoir de reproches, faisons un haricot de mouton dans le sens le plus étroit du mot, c'est-à-dire avec des haricots.
Commencez comme pour le navarin.
Lorsque la viande sera revenue, saupoudrez de très peu de farine. Salez. Mouillez. Faites une sauce très liquide. Ajoutez une demi-livre de haricots blancs trempés depuis la veille et laissez cuire deux heures.
Le haricot de mouton a meilleur aspect si vous ajoutez, au milieu de la cuisson, des haricots verts qui cuisent ainsi pendant une heure.
Servez après avoir saupoudré de persil.

BLANQUETTE D'AGNEAU

Au printemps, on trouve sur les marchés de très petits agneaux de lait. Ce sont les agneaux dits de Bordeaux. Leur chair est assez insipide, elle est cependant très délicate.
A Bordeaux, on prépare des blanquettes d'agneau, avec la même technique que celle qui a été décrite pour la blanquette de veau.
Cependant, la blanquette d'agneau doit être plus parfumée. Ajoutez toujours de l'ail et, si vous en possédez, un peu de feuilles de marjolaine. C'est une plante très parfumée employée dans le midi de la France et en Alsace. il est difficile d'en trouver à Paris et dans le centre.

COTELETTES DE PORC À LA POELE

Les côtelette s de porc constituent un plat très rapidement fait et pouvant se présenter de différentes façons tout en donnant très peu de peine.
Etant donné que les cuisines les plus simples sont dont on se fatigue le moins vite, le mieux est préparer la côtelette de porc à la poêle, comme un bifteck. Seulement, employez un feu violent et laissez cuire non seulement jusqu'à belle couleur, mais jusqu'a ce que l'intérieur de la côtelette soit parfaitement cuit.
Il faut au moins deux fois plus de temps pour faire cuire une côtelette de porc que pour préparer à la poêle un bifteck de même poids.

La côtelette de porc doit être croustillante à sa surface. La graisse qu'elle laisse exsuder servira à accommoder les légumes qui accompagneront la côtelette sur le plat.
Méfiez-vous cependant de la faire trop cuire, car elle perd toute sa graisse, se dessèche, se racornit et devient même désagréable au goût.
Vous pouvez, une fois les côtelettes cuites, mettre un peu de farine dans la poêle, laisser brunir et préparer très rapidement une sauce piquante dans laquelle vous réchaufferez les côtelettes. C'est un mode de présentation classique. Il n'en est pas pour cela le meilleur.
Vous pouvez aussi traiter la côte de porc, après l'avoir panée, comme une escalope viennoise ou une côtelette de veau milanaise.

POTEE LORRAINE

La potée lorraine est un plat de résistance. Servez-le à la campagne et vous aurez toujours du succès.
Dans une grande mannite, mettez un chou, des haricots trempée, des carottes, des navets, des haricots verts et du petit salé bien dessalé. Couvrez d'eau, posez sur le feu, portez à l'ébullition et laissez cuire une heure et demie. Ajoutez des pommes de terre entières et une belle saucisse de campagne. Rétablissez l'ébullition. Laissez cuire trois quarts d'heure.
Avec une écumoire, sortez les légumes et la viande. Posez sur un plat creux très chaud. Découper saucisse et petit salé. Servez avec de la moutarde. Le bouillon un excellent potage pour le souper.

PIEDS DE PORC PANES

Le mieux est de les acheter tout panés chez votre charcutier. Il faut alors les faire griller. La chose est très simple si on dispose d'un feu de charbon de bois.
On badigeonne les pieds panés avec du beurre clarifié et on les pose sur le gril bien chauffé. Le feu doit être vif sans être trop intense, car la panure brûle très facilement. On retourne les pieds sur le gril et on attend la cuisson complète. En réalité, ce n'est pas une cuisson, car les pieds ont été déjà

longuement bouillis. Il s'agit simplement de les réchauffer tout en rendant leur surface croustillante. A défaut de gril, faites frire les pieds à la poêle. Evitez les projections de particules chaudes qui sont inévitables.

PIEDS DE VEAU EN GELÉE

Achetez un on deux pieds de veau non cuits chez le boucher. Faites-les couper en deux, longitudinalement, puis en quatre dans le sens perpendiculaire. Chaque pied est ainsi coupé en huit morceaux. Lavez et couvrez-les d'eau froide dans une casserole. Salez. Chauffez. Avant l'ébullition, écumez. Faites bouillir. Ajoutez alors des carottes, des navets et des poireaux, comme pour un pot-au-feu. Laissez mijoter pendant quatre heures sur un tout petit feu.

A ce moment, les muscles et les tendons se séparent facilement des os. Avec une écumoire, sortez les parties solides. Puis passez le bouillon au chinois.

Rejetez les os. Rangez les morceaux de viande dans un moule de tôle, un moule à kouglopf par exemple. Colorez légèrement le bouillon avec du caramel ou une couleur spéciale. Goûtez-le et rectifiez son assaisonnement. Passez encore ce bouillon sur un linge et versez-le sur les morceaux de pieds. Portez au frais jusqu'au lendemain. Le bouillon se prend en gelée et emprisonne les morceaux.

Démoulez; pour cela, plongez pour une seconde le moule dans l'eau bouillante. L'édifice se décolle facilement du moule. Renversez sur un plat. Vous obtenez un petit chef-d'œuvre. Ornez-le avec des feuilles de laitue, des œufs dur coupés en-deux, des olives ou des rondelles de betterave et de citron. Servez avec une sauce rémoulade ou une sauce mayonnaise bien relevée.

PIEDS DE MOUTON VINAIGRETTE

Faites cuire pendant quatre heures des pieds de mouton dans une eau salée et aromatisée. Lorsque les os se détachent facilement, servez chaud avec une vinaigrette aux fines herbes.

PIEDS DE MOUTON POULETTE

Faites cuire les pieds comme pour la préparation précédente. Servez chaud avec une sauce poulette, c'est-à-dire, comme vous l'avez vu au chapitre spécial, une sauce blanche mouillée au bouillon, liée aux jaunes d'œufs. Vous pouvez vous servir du bouillon de pieds pour confectionner la sauce. Le sachant d'avance, vous devez relever le goût de ce bouillon en lui ajoutant quelques légumes et des aromates.

JAMBON CHAUD AUX EPINARDS

Pour cuire un jambon, il faut le faire tout d'abord dessaler dans. l'eau froide quelquefois renouvelée. Laissez-le tremper ainsi pendant dix à douze heures. Portez-le dans un chaudron et couvrez-le d'eau froide. Chauffez. Ecumez. Lorsque le liquide commence à bouillir, baissez le feu et maintenez l'ébullition pendant un temps que vous calculez d'après le poids du jambon à cuire. Il faut laisser sur le feu vingt minutes par livre de jambon.
Une demi-heure avant la fin de la cuisson, enlevez la presque totalité de l'eau. Ajoutez une demi-bouteille de vin blanc sec. Couvrez le récipient et laissez finir la cuisson à l'étouffée. Ce vin blanc ainsi étendu d'eau de cuisson servira à faire la sauce.
Préparez une sauce brune avec un oignon doré, de la farine. Mouillez avec le vin de cuisson. Faites cuire dix minutes. Passez. Ajoutez quelques champignons en lames minces. Faites cuire dix minutes. Assaisonnez avec une pointe de poivre de Cayenne, un verre de cognac et un peu de glace de viande.
Préalablement, vous aviez fait cuire des épinards en branches. Assaisonnez-les au beurre. Servez le jambon chaud, les épinards et la sauce en saucière.

SAUCISSES AUX CHOUX

Faites cuire des choux à l'étouffée avec du lard, ainsi que vous pouvez apprendre à le faire au chapitre spécial des légumes.
Servez ces choux avec des saucisses. Celles-ci peuvent être

de plusieurs sortes
1° Saucisses de Francfort. Faites-les bouillir cinq minutes seulement dans l'eau bouillante;
2° Chipolatas. Faites-les revenir rapidement à la poêle dans du beurre. N'insistez pas longtemps, autrement elles fondent, diminuent de volume et disparaissent;
3° Saucisse de Toulouse. Achetez de la saucisse de Toulouse coupée à la main. Elle est plus chère, mais beaucoup plus savoureuse que la saucisse coupée à la machine, plus riche en graisse qu'en viande. Pochez-la cinq minutes dans l'eau bouillante, puis faites-la frire un quart d'heure à la poêle dans du beurre;
4° Saucisses de Morteau. Ce sont des saucisses fumées. Faite-les, braiser avec les choux et aussi longtemps qu'eux-mêmes. C'est exquis.

CHIPOLATAS AUX ŒUFS

Souvenez-vous de ce qui vient d'être dit pour la préparation précédente, à propos des chipolatas.
Faites frire ces petites saucisses à la poêle. Ceci étant fait, dans la graisse qu'elles ont rendue, sur la même poêle, sans retirer les saucisses, préparez les oeufs sur le plat.
La graisse est tellement abondante que les oeufs n'adhèrent pas à la poêle. Faites glisser oeufs et saucisses d'un bloc sur un plat chaud. Salez et servez.

CERVELAS GRILLES

En général, on mange les cervelas froids. On les sert en rondelles comme hors-d'œuvre ou en salade avant le repas. Ils peuvent se prêter cependant à la confection de garnitures. On peut les couper en morceaux et en farcir soit un poulet, soit un canard que l'on fait cuire au four ou à la broche.
On peut servir les cervelas chauds, après les avoir fait griller. Pour cela, enlevez la peau des cervelas, coupez-les en deux dans le sens de la longueur. Ils présentent alors une face plate et une face convexe.
A l'aide d'un couteau très affilé, incisez la surface convexe en maints endroits, de façon à dessiner des losanges, comme sur une galette.

Portez les cervelas ainsi parés au four ou sous la rampe à gaz en les posant sur la surface plane.
Rapidement, ils sont saisis, la surface devient croustillante. Les losanges se rétractent et font ressembler les cervelas à autant de cabochons à facettes.
Servez sur des épinards ou de la purée de pois.

BOUDIN AUX POMMES

Le boudin est chose exquise à la campagne, lorsqu'il est fait de pur sang de porc, sans addition de farine.
A la ville, il est moins bon. Le tout est de trouver le charcutier qui sait capter votre confiance.
Incisez le boudin en quelques endroits symétriquement choisis, pour l'empêcher d'éclater irrégulièrement lors de la cuisson. Faites-le griller sur le charbon bois ou, ce qui est un pis-aller, faites-le sauter à la poêle.
Servez-le très chaud avec de la moutarde.
Dans le nord de la France, on le sert classiquement avec une compote de pommes très peu sucrée. C'est très bon.
Si vous n'êtes pas amateur, contentez-vous d'une purée de pommes de terre.

ANDOUILLETTES SAINT-GERMAIN

Les andouillettes sont une spécialité française et surtout provinciale. Dans tous les coins de la France, on ne fait pas toujours de bonnes andouillettes. Recherchez celles de Troyes, de Clamecy, de Cambrai. En général, préférez les andouillettes que l'on vend en gelée à toutes les autres ; elles sont faites à la manière de celles de Troyes. Les bonnes andouillettes sont remplies de fraise de veau et sont déjà cuites longuement.
Achetez donc les andouillettes convoitées et faites-les griller sur le charbon de bois. A défaut de gril, faites-les cuire sous la rampe à gaz ou à la poêle dans un peu de saindoux ou du beurre très chaud.
L'andouillette doit être très chaude et moelleuse à l'intérieur. Elle doit être croustillante en surface. Servez-la avec une purée de pois verts accommodée au beurre bien frais.

GRAS-DOUBLE A LA LYONNAISE

Achetez du gras-double à la triperie. Il est cuit d'avance pendant six ou huit heures. Vous n'avez donc plus qu'à l'assaisonner et le faire cuire pendant un temps relativement court. Encore faut-il lui réserver trois heures de cuisson au moins sur un tout petit feu.
Le gras-double lyonnaise est caractérisé par la quantité très grande d'oignons qu'on emploie pour sa confection. Pour un kilo de gras-double, il faut au moins 250 grammes d'oignons et deux gousses d'ail.
Découpez le gras-double en morceaux de forme et de taille qui vous plairont le plus. En général, on les découpe en carrés de 3 à 4 centimètres de côté.
Dans une cocotte de terre ou de fonte, faites fondre morceau de bon saindoux. Ceci fait, rangez une assise de morceaux de gras-double. Recouvrez d'oignons et d'ail coupés fin. Salez, poivrez, muscadez. Remettez une assise de gras-double, oignons, ail, sel, poivre, etc. Lorsque tout est bien tassé dans la marmite, versez du bouillon, de façon a couvrir le tout. Couvrez. Laissez bouillir. Baissez le feu et laissez mijoter pendant trois heures. Servez saupoudré de persil haché sur un plat très chaud et des assiettes brûlantes. Donnez aussi de la très bonne moutarde.

GRAS-DOUBLE SAUTE

Voici la façon la plus rapide de préparer le gras-double, encore faut-il qu'il vous soit vendu bien cuit par le tripier :
Découpez le gras-double en carrés un peu plus grands que pour la méthode lyonnaise. Faites-les sauter au beurre à la poêle. Servez saupoudré de persil haché. Dans le Midi, on ajoute de l'ail.

FRAISE DE VEAU VINAIGRETTE

La fraise de veau est constituée par l'intestin de l'animal ouvert dans sa longueur et accompagné de toutes les parties graisseuses qui l'environnent. Il se vend échaudé. Il faut donc le faire cuire.
Pour qu'il reste bien blanc, on le fait bouillir pendant quatre

ou cinq heures dans l'eau salée blanchie par l'addition de farine. Pour faire ce "blanc", on délaye une cuillère à soupe de farine par litre d'eau froide. On porte à l'ébullition. On obtient un empois très dilué.
Dans ce "blanc", on fait cuire la fraise de veau. Le mieux est de la servir chaude avec une sauce vinaigrette relevée de persil et d'échalotes hachées très fin.

TÊTE DE VEAU VINAIGRETTE

Les recommandations précédentes pour la cuisson s'appliquent aussi à la tête de veau. Si vous voulez qu'elle soit bien blanche, faites-la cuire dans "un blanc ".
Laissez-la dans le bain bouillant tant que les muscles adhèrent aux os. A ce moment, sortez de l'eau et servez. Si on attend plus longtemps, les tissus s'imbibent d'eau et deviennent flasques.
Une excellente technique est de faire cuire la tête de veau à la vapeur, dans des récipients fermés qui sont vendus spécialement pour faire cuire tous les aliments à la vapeur.
Dans ces conditions, la tête de veau n'a peut-être pas la blancheur de celle qui est cuite au blanc, mais elle a un goût beaucoup plus fin.
Servez chaud avec une sauce vinaigrette.

TETE DE VEAU TORTUE

La tête de veau tortue est une préparation qui n'a rien de bien savant. C'est une tête de veau cuite à l'eau ou au blanc et servie avec une sauce brune et une garniture qui est variable suivant les maisons où on la mange.
Faites donc cuire la tête de veau comme vous avez appris à le faire au paragraphe précédent. Désossez-la, coupez-la en morceaux grands comme une petite paume de main.
Préparez une sauce brune, une sauce madère par exemple. Arrosez les morceaux de tête avec cette sauce. Garnissez ce plat avec des olives vertes que vous avez préalablement dénoyautées, des écrevisses cuites et des oeufs frits ou pochés. Je vous conseille plutôt les oeufs pochés, car les oeufs frits se ramollissent au contact de la sauce et acquièrent un goût fort désagréable.

On peut garnir la tête de veau tortue selon sa fantaisie : soit avec une sauce tomate et des quenelles de volaille, soit avec des olives et des champignons, soit avec des truffes et des crêtes de coq.

LANGUE DE BOEUF BRAISEE

Achetez une langue de bœuf. Réservez la partie charnue, régulière pour le plat en question. Enlevez la base, peu esthétique. Elle vous servira à faire un exquis pot-au-feu le lendemain ou le jour même. Ceci étant fait, faites fondre, dans une cocotte de fonte, du lard gras dans très peu de beurre. Lorsque les lardons commencent à se dessécher, sortez-les et, dans la graisse fumante, posez la langue de bœuf. Laissez-la revenir. Sa face supérieure recouverte d'une "peau" nacrée et dure se dore difficilement, n'insistez pas. Ajoutez quelques oignons et carottes coupés en rondelle. Laissez-leur prendre couleur. Salez peu, épicez. Ajoutez les lardons ainsi que 125 gr. de "bacon" (lard anglais fumé) coupé en morceaux. Mouillez avec un verre de vin blanc sec. Couvrez et laissez mijoter pendant une heure. Goûtez, au point de vue du sel. Prenez garde, car le bacon est assez salé.
Ajoutez un verre de madère ou de porto et un peu de bouillon. Laissez ainsi mijoter à tout petit feu pendant quatre heures. Ajoutez un bon petit verre de fine champagne. Donnez une minute de cuisson. Servez la langue sur un plat chaud, garnie d'une purée de pommes de terre additionnée de crème épaisse. Donnez la sauce qui doit être assez abondante dans une saucière. Conservez dans la saute carottes, oignons et lardons. Ce n'est pas classique de servir ainsi une sauce non homogène, mais c'est exquis. C'est le principal. La peau de la langue perd tout à fait sa consistance coriace après la cuisson; il est donc inutile de l'enlever.

COEUR DE VEAU AUX CAROTTES

C'est un plat démocratique peu prisé par le publie, recherché cependant par certains gourmets.
Vous n'avez qu'à le traiter comme la langue braisée.
On peut en faire un plat bon marché en faisant simplement une sauce aux carottes et au vin blanc ou un plat plus

recherché en corsant la sauce avec du porto, du madère et même des truffes.
Découpez le cœur à la cuisine pour ne pas le présenter avec son aspect anatomique primitif, ce qui peut ne pas être agréable à quelques convives.

CERVELLE AU BEURRE NOIR

La cervelle qui se prête le mieux à cette préparation est la cervelle de mouton. Cependant, à défaut de celle-ci, on peut employer des cervelles plus grandes provenant du veau et du bœuf. Il suffit pour cela de les couper en tranches de la grandeur voulue après les avoir blanchies.
Dans les grandes villes, on vend les cervelles en très bon état. Dans les campagnes et les petites villes, on les vend toutes couvertes de sang. Il faut donc avant tout les laver. Pour cela, on les porte sous un robinet d'eau courante et, avec les doigts, on dilacère les méninges, on libère les collections sanguines en faisant bien attention de ne pas léser la cervelle elle même. Le travail est assez minutieux.
Pendant ce temps, on fait bouillir de l'eau salée avec des aromates et des épices. On ajoute une cuillère de bon vinaigre et on plonge la cervelle. Immédiatement, sous l'action de la chaleur et de l'acide, elle coagule et commence à se durcir. Laissez bouillir à petit feu pendant dix à vingt minutes, suivant la grosseur. Sortez la cervelle avec précautions. Portez-la dans l'eau froide. Lorsqu'elle est refroidie, nettoyez-la encore du sang coagulé qui pourrait la souiller.
Coupez-la en tranches si vous avez affaire à une grosse cervelle, ou en deux si c'est une cervelle de mouton.
Préparez du beurre noir, comme il a été dit au chapitre "raie au beurre noir". Posez sur la poêle, dans ce beurre, les morceaux de cervelle. Réchauffez, salez un peu et servez sur un plat bien chaud.

ESCALOPES DE RIS DE VEAU

Le ris de veau est beaucoup plus ferme que la cervelle. Il faut le blanchir plus longtemps. Comptez une demi-heure pour un ris de veau.

Rafraîchissez le ris cuit, coupez-le en tranches. Passez à la farine, à l'œuf, à la panure et faites frire au beurre clarifié, dans une poêle, sur un feu moyen. Salez. saupoudrez de piment doux d'Espagne et servez sur un plat recouvert d'une serviette chaude.
Dans les assiettes, ajoutez du beurre fondu servi dans des raviers.

ROGNONS DE MOUTON BROCHETTE

les rognons de mouton constituent un véritable régal. Encore faut-il en donner au moins deux par personne. Le mieux est de les griller sur de petites tiges de métal spécialement faites pour cet usage.
Cette brochette n'est pas un ornement. Elle a son utilité.
En effet, pour que le rognon soit bien cuit, il faut le diminuer d'épaisseur, c'est-à-dire l'ouvrir en deux. Ainsi préparé, le rognon se recroqueville sur le feu. Pour l'empêcher de se déformer, on l'embroche.
N'oubliez donc pas de le faire. Préparez ainsi les rognons. Posez-les sur un gril bien chaud et menez rondement l'opération.
Si le feu est vif, en sept minutes vous avez grillé tous les rognons que vous aviez posés sur le feu.
Posez-les sur un plat brûlant. Laissez la brochette, ou enlevez-la si vous ne voulez pas que vos convives se salissent les doigts.
Sur chaque rognon ouvert, déposez une noix de "maître d'hôtel", c'est-à-dire de beurre manié avec des fines herbes hachées très finement.
Il est classique de garnir le plat avec du cresson et des pommes paille.
Mais dépêchez-vous de servir sur des assiettes très chaudes... Autrement, la graisse se fige et c'est mauvais.

ROGNONS SAUTES

Faites-les à table, devant tout le monde, sur une forte lampe à esprit-de-vin. On en fait de spéciales à trois ou quatre mèches.
Casserole très mince. Devant vous, un rognon de veau coupé

en morceaux gros comme des noix. Dans la casserole, mettez un beau morceau de beurre. Il fond, il fume. Jetez-y les rognons.
Ils reviennent et perdent leur couleur primitive. Salez, poivrez, ajoutez un verre de cognac. Enflammez. Quant c'est éteint un grand verre de madère ou de porto, un peu de poivre et une échalote hachée très fin. Le tout se met à bouillir. Vous couvrez la casserole. Cinq minutes de cuisson et c'est fait. Si le plat n'est pas assez relevé, rajoutez un peu de paprika.

FOIE DE BOEUF AU FOUR

Le foie de bœuf est le moins cher de tous. Il est coriace, mais, piqué au lard et cuit au four, il constitue un plat apprécié par bien des amateurs.
Prenez un kilo de foie de bœuf. Piquez-le avec du lard très fin et couvrez-le d'une barde de lard. Portez-le au four très vif. Le lard fond, coule. Le foie commence à cuire. Il prend couleur. Lorsqu'il est bien rissolé, sans être racorni, grâce à la barde, ajoutez à la sauce un verre de vin blanc. Arrosez de temps à autre avec ce mélange. Il faut laisser au four en comptant vingt minutes par livre de foie.
Au dernier moment, liez la sauce avec de la crème maniée. Epicez-la avec une toute petite pointe de poivre de Cayenne. Servez avec une purée de pommes de terre très moelleuse.

FOIE DE VEAU SAUTE

Le foie de veau est aujourd'hui un plat de luxe, car il est très cher. Aussi a-t-on tendance à le débiter en tranches trop minces. Ainsi paré, il se dessèche à la poêle et perd toute sa saveur.
Le foie de veau doit être moelleux, rosé, mais non saignant. Il est assez difficile de le bien réussir.
Prenez des tranches ayant au moins un centimètre d'épaisseur. Passez-les à la farine.
Dans une poêle, sur un feu vif, laissez fumer du beurre. Jetez-y les tranches de foie. Rapidement, elles se colorent à la face inférieure. Sans attendre que cette face soit cuite, retournez les tranches, de façon que la farine de la face

supérieure n'ait pas le temps de s'humidifier.
Faites cuire sur les deux faces, en réglant le feu pour ne pas brûler. Cinq à six minutes suffisent pour cuire toutes les tranches qui couvrent la poêle, pourvu qu'elles n'aient pas plus d'un centimètre d'épaisseur.
Salez, saupoudrez de persil haché. Allongez la sauce avec du beurre et acidifiez-la avec un jus de citron ou un peu de vinaigre.

QUELQUE ENTREES FORNIES PAR LA BASSE-COUR

POULE AU POT

La poule au pot était le plat national français... au temps d'Henri IV. Aujourd'hui, les temps et les mœurs ont changé. On met la poule au pot tous les trois mois, et non pas tous les dimanches.
La poule au pot est une poule bouillie. Il faut la traiter comme un morceau de bœuf.
Si on employait un jeune poulet pour le faire bouillir, il serait rapidement effrité avant que le bouillon ait pris une saveur quelconque. Aussi emploie-t-on de vieilles poules.
Il faut cependant qu'elles soient grasses, d'une bonne race, autrement elles sont coriaces et cuisent très difficilement.
Pour faire la poule au pot, choisissez donc la poule rêvée. Après l'avoir vidée, plumée, flambée, vous préparez une farce composée de viande de porc, de champignons, d'oignons, de mie de pain et d'échalotes. Le tout est salé et épicé à point, haché, passé au beurre, à la poêle, refroidi et lié avec un oeuf entier.
Lorsque cette farce est refroidie, on en bourre la poule. On coud tous les orifices et on la porte dans un pot-au-feu rempli d'eau froide salée. On procède alors comme pour le pot-au-feu. Ajoutez cependant plus de légumes et un verre de haricots secs, dont vous connaissez le temps de cuisson.
Après trois heures, est cuite, en général. Ajoutez, un peu avant la fin, une belle saucisse de campagne, de façon qu'elle cuise vingt minutes.
Servez la poule flanquée de la saucisse et de tous les légumes. Gardez le bouillon pour le soir.
Quelque fois, on mange la poule au gros sel. Et, pour cela, on retire la poule du bouillon, on la découpe et dans un plat creux, on l'arrose avec un peu de bouillon excessivement salé. Il doit être imbuvable lui-même.
LA chair de la poule, imprégnée de cette solution saturée, prend un goût particulier. Ce qui est certain, c'est que ce

plat vous forcera à boire force bourgogne... ce qui est à apprécier.

POULE AU RIZ

Faites cuire une poule au pot. Puis, avec le bouillon, préparez un riz pilaf ainsi que vous en trouverez la recette au chapitre spécial du riz.
Servez la poule, le riz, et arrosez la portion de chacun avec une sauce bâtarde parfumée avec du curry.
La sauce bâtarde peut être remplacée par une au béchamel au curry ou par un vrai curry indien. Ce dernier est une sauce brune dans laquelle vous faites cuire un hachis d'oignons, de noix de coco et de pommes reinette. On relève le tout avec une très forte quantité de curry.

POULET GRILLE

Le pour faire grillé des poulet, ilm faut les prendre très jeune. Employez des poulets de grains.
Le poulet étant plumé, vidé, flambé, on, incise l'abdomen, à côté des cuisses, de façon à pouvoir rentrer ces dernières à l'intérieur du corps.
Avec de forts ciseaux ou un sécateur, on fend le poulet en deux sur la colonne vertébrale. On peut alors ouvrir le poulet. D'un coup de battoir de blanchisseuse, on l'aplatit. On retire les os qui veulent bien venir et on met le poulet au four badigeonné de beurre. On le fait cuire un quart d'heure environ.
On le sort du four et on le fait cuire ensuite sur le gril, comme une côtelette. On sale et on sert avec du cresson et des pommes paille.
En somme, le poulet grillé est à moitié cuit au four. Le gril lui donne plutôt un aspect qu'une saveur.
Si le poulet est trop gros pour aller sur votre gril, coupez-le en deux en le sortant du four et grillez à pan chaque moitié.

POULET SAUTE CHASSEUR

Prenez un jeune poulet. Coupez-le en morceaux. Dans une

sauteuse, faites fondre du beurre et des morceaux de lard fumé. Réservez les lardons. Dans cette graisse fumante, jetez les morceaux de viande et attendez, en les retournant, qu'ils aient acquis une belle couleur dorée. Ajoutez de petits oignons, des champignons coupés en lamelles et quelques échalotes hachées. Prenez garde de ne pas trop saler. Le lard est toujours chargé en sel.
Mouillez avec du vin blanc, un peu de purée de tomates. Epicez très légèrement. Couvrez le récipient et laissez cuire trois bons quarts d'heure. Vérifiez si le poulet est cuit. Versez dans la sauteuse un petit verre de fine champagne; donnez quelques bouillons et servez dans un plat creux. Saupoudrez avec de l'estragon haché et entourez le tout avec de petits croûtons passés au beurre.

RAGOUT D'OIE AUX POMMES

Le ragoût d'oie aux pommes est un plat septentrional. Cette garniture se prête très bien pour accommoder toutes les viandes grasses. On peut faire cuire avec des pommes l'oie, le canard, le porc, le cochon de lait, etc.
Pour préparer ce plat, prenez un kilo ou trois livres d'oie que vous avez fait couper en morceaux.
Dans une sauteuse, faites fondre un peu de beurre, un peu de graisse d'oie et, dans cette graisse, faites revenir les morceaux d'oie. Ajoutez un oignon coupé fin, salez, muscadez légèrement et couvrez la viande avec des quartiers de pommes un peu acides.
Laissez cuire sur un petit feu, après avoir couvert le récipient. Si l'oie est jeune, le ragoût est cuit en une heure et demie. Si elle est vieille, il faut plus de temps. Vérifiez la consistance de la viande et servez.
Ce plat est encore meilleur réchauffé. Il est donc préférable de le préparer la veille du régal.

RAGOUT D'OIE AUX CHOUX ROUGES

Même technique que précédemment, mais on remplace les pommes par des choux rouges préalablement passés quelques minutes à l'eau bouillante.
On peut du reste faire un mélange de pommes un peu

acides et de chou rouge. On obtient un résultat remarquable.

CASSOULET

C'est un plat de haricots cuits avec du mouton, de la couenne de lard et du confit d'oie. A défaut de confit on prend (lorsqu'on n'est pas de Castelnaudary) des morceaux d'oie fraîche.
Achetez une livre de haricots, une demi-livre de couenne de lard, une livre de haut de côtelettes de mouton, une livre d'oie et une belle saucisse de Toulouse.
Procédez comme il suit :
1° Faites tremper les haricots ;
2° Dans une sauteuse faites revenir les viandes dans un peu de graisse d'oie. Ajoutez deux oignons coupes fin et une gousse d'ail hachée. Mettez le tout dans une terrine. Ajoutez la couenne coupée en tout petits morceaux, les haricots trempés, et remplissez la terrine d'eau ou de bouillon. Salez, poivrez. Le liquide doit noyer le tout et son niveau doit être beaucoup plus haut que celui des haricots. Ajoutez un bon verre de vin blanc, un petit verre d'armagnac, du thym, une demi-feuille de laurier, du poivre. Collez le couvercle avec une pâte de farine et d'eau. Portez au four.
Après trois heures de cuisson, ouvrez la terrine et laissez-la au four pour la laisser se gratiner.
Pendant ce temps faites sauter la saucisse à la poêle, dans du beurre. Versez la graisse sur les haricots de la terrine. Posez dessus la saucisse et servez après avoir versé dans les verres un vin rouge parfait.

FOIE GRAS A LA GELEE

La veille, dans du bouillon, faites cuire un pied de veau. Vous obtenez par refroidissement une gelée assez laide, car elle n'est pas transparente.
Le lendemain, vous faites fondre la gelée dans une casserole assez grande pour contenir le foie entier. Enveloppez-le dans un linge fin. Trempez-le dans ce liquide bouillant et faites cuire exactement un quart d'heure par

livre.
Sortez le foie, dégagez-le de son enveloppe de mousseline et posez-le sur un plat, puis clarifiez la gelée. Pour cela laissez-la tiédir puis mélangez-la avec un blanc d'œuf. Battez le tout ensemble. Portez sur le feu, et faites bouillir en remuant tout le temps. Toutes les impuretés se collent à l'albumine. Passez le bouillon sur un linge épais. Il passe clair. Arrosez-en le foie cuit. La gelée prend et le plat est prêt. Ornez avec de la gelée hachée très fin. Le foie ainsi préparé est rosé et très moelleux.

CIVET DE LAPIN

Prenez un lapin tué par saignée. Dépouillez-le, videz-le et coupez-le en morceaux. Gardez le sang précieusement. Faites revenir les morceaux dans une sauteuse, dans du beurre et du lard fondu. Lorsqu'ils ont belle couleur, ajoutez quelques oignons. Laissez les se dorer. Salez. Saupoudrez de farine. Remuez le tout. La farine brunit. Versez une demi-bouteille de très bon vin rouge. Ajoutez des épices, du thym, et des champignons coupés en lamelles. Couvrez et laissez cuire une heure et demie au moins.
Coûtez. Ajoutez un demi-verre d'eau-de-vie de vin. Donnez quelques bouillons. Ajoutez le sang. Donnez un bouillon. Servez avec de petits croûtons passés au beurre.
Servez à table le même vin rouge que celui dont vous avez usé pour confectionner la sauce.

QUELQUE ENTREES DE GIBIER

CIVET DE LIEVRE

Tout ce qui a été dit pour le civet de lapin est vrai pour le civet de lièvre. Cependant, donnez plus de temps de cuisson à l'hôte des prés et des bois. Et ceci parce que sa chair est souvent très ferme, suivant son âge et sa race.
Si vous êtes spécialement amateur du civet, préparez l'animal entier au vin et au sang. Cependant, si vous êtes peu nombreux chez vous, vous pouvez avec un seul animal faire deux plats différents.
Ecorchez la bête, videz-la. Séparez-la en deux tronçons. D'une part, le thorax. D'autre part, toute la masse des muscles dorsaux et lombaires, avec les deux cuisses y attenant. Tout ceci constitue le râble.
Avec le thorax coupé en morceaux, les pattes antérieures et le bout des pattes postérieures que vous avez détachées d'un coup de couperet, vous préparez le civet. Avec le râble, vous ferez un rôti.
Que vous employiez la moitié de l'animal ou tout le lièvre, vous procéderez de même. N'oubliez pas d'enlever au couteau pointu les quelques aponévroses blanchâtres et nacrées qui recouvrent le râble.
Faites revenir les morceaux dans du lard fondu. Dorez des oignons, saupoudrez de farine. Salez; épicez. Ajoutez des champignons. Faites revenir quelques minutes. Arrosez de très bon vin rouge et laissez cuire quatre heures.
Ajoutez un verre de bonne eau-de-vie de vin et le sang caillé que vous avez brisé dans un peu de bouillon ou d'eau froide. Donnez quelques bouillons à peine. Servez avec des croûtons passés au beurre.

SAUTE DE LIEVRE A LA CREME

Commencez comme pour le civet. Mais ne saupoudrez pas de farine. Mouillez au vin blanc sec et faites cuire quatre heures. Ajoutez l'eau-de-vie. Donnez un ou deux bouillons.

Retirez du feu et liez la sauce avec 150 grammes de crème maniée avec une petite cuillère à soupe de farine.
Donnez un bouillon et servez avec des choux braisés.

CIVET DE LAPIN DE GARENNE

Traitez cet animal absolument comme le lapin de choux. Vous obtiendrez un exquis civet. Deux heures de cuisson suffisent amplement.

SALMIS DE FAISAN

Un salmis est un plat en sauce préparé avec une viande qui a déjà été cuite au four ou à la broche.
Ainsi on peut préparer un faisan qui reste de la veille.
On pourrait le manger froid. Il serait exquis. Le réchauffer comme rôti ne serait pas commode, car sa saveur et sa consistance seraient dénaturées. Aussi le réchauffe-t-on avec une sauce. On obtient ainsi un tout autre plat Découpez le faisan rôti. Extrayez le foie.
Dans une casserole de cuivre, faites légèrement revenir les morceaux dans du beurre bien chaud. Mouillez avec du vieux bourgogne et couvrez le récipient. Faites bouillir à petit feu pendant une heure. Pendant ce temps, écrasez le foie dans un mortier.
Maniez du beurre avec de la farine. Liez la sauce hors du feu. Ajoutez le foie pilé et un verre d'armagnac, donnez un bouillon. Enflammez la sauce, qui brûlera à cause de l'eau-de-vie. Servez dans la casserole, avec des croûtons de pain passés au beurre.

QUELQUES ROTIS DE BOUCHERIE

FILET SAUCE MADÈRE

Vous avez appris à faire un rôti, au chapitre spécialement consacré à ce mode de cuisson. Vous n'avez qu'à appliquer vos connaissances à la préparation de ce plat qui préside aux repas de toutes les cérémonies de la vie: mariages, baptêmes, banquets de corporation, etc.
Pour que le filet ne soit pas flasque, il faut tout d'abord le piquer de lard, ensuite le saisir très rapidement par le feu.
Le filet est une grosse pièce d'une forme oblongue. On ne peut donc le faire qu'au four.
Piquez donc le filet, chauffez le four à blanc et enfournez la viande bien enduite de beurre. Très rapidement, le beurre et le lard fondent. La viande rissole. Retournez la pièce. Attendez qu'elle prenne couleur. Salez-la au sel fin. Arrosez de temps à autre avec la graisse.
Le filet doit rester au four un quart d'heure par livre.
Pendant ce temps, préparez une sauce madère ainsi que vous avez appris à le faire au chapitre des sauces. Pendant le dernier quart d'heure de cuisson de la viande, ajoutez un peu de bouillon ou d'eau bouillante à la graisse de la lèchefrite. Ce jus sera ajouté à la sauce madère.
Servez le rôti découpé en tranches et la sauce dans une saucière.
La meilleure des garnitures est encore constituée par de petites pommes de terre sautées au beurre et de petites laitues braisées.

FAUX-FILET MARINÉ

Prenez un morceau de faux-filet (ou, à défaut, de romsteck) pesant un kilo environ. Piquez-le au lard et laissez-le mariner pendant quarante-huit heures dans du vin blanc très aromatisé : thym, laurier, rondelles d'oignons, ail haché, quatre épices, poivre, un peu de sel. De temps à autre, arrosez la viande et retournez-la dans la marinade. Ceci étant fait, procédez à la cuisson. Dans une cocotte, faites fondre du lard. Enlevez les lardons. Faites revenir la viande bien ficelée. C'est un peu long, car la viande était mouillée. Salez. Ajoutez les oignons de la marinade. Attendez qu'ils prennent couleur. Baissez le feu et laissez cuire en récipient découvert pendant une demi-heure. Le rôti est prêt; il doit être saignant.

Pendant ce, temps, vous avez fait réduire la marinade dans une petite casserole. Passez-la sur un petit linge pour retenir les épices qui ont abandonné leur parfum au liquide.

Enlevez la viande, gardez-la au chaud. Déglacez la cocotte avec la réduction de marinade. Liez la sauce ainsi obtenue avec de la crème maniée de farine.

Servez avec un plat de betteraves à l'aigre-doux préparé d'après la recette donnée au chapitre des légumes.

A défaut de betteraves, servez avec une purée de marrons.

BOEUF MODE

Demandez au boucher de vous préparer un bœuf mode. Il vous donnera un beau morceau de bœuf maigre, pesant trois livres, piqué et bardé de lard. Il adjoindra à son envoi des os de veau, un pied de veau et de la couenne de lard. Ayez à la maison des oignons et de bonnes carottes. Vous êtes prête à opérer.

Dans une cocotte de fonte, faites chauffer du beurre. Faites revenir la viande. Lorsqu'elle a pris belle couleur, salez, puis ajoutez des oignons coupés en quatre. Faites-les dorer. Ajoutez les carottes, la couenne coupée en petits morceaux, le demi-pied de veau coupé en quatre et les os. Mouillez le tout avec un verre d'eau chaude et un verre de vin blanc sec. Couvrez et laissez mijoter sur petit feu pendant quatre heures au moins. Vérifiez de temps à autre s'il y a assez de liquide. Rallongez avec de l'eau et du vin blanc. Avant de servir, ajoutez un verre de porto, faites bouillir quelques minutes.

Servez dans un plat creux le morceau de viande entouré de toute se garniture, excepté les os.

Vous serez déçue en voyant le rôti, car il a perdu de son volume, mais, en -le goûtant, vous serez ravie.

ROTI DE VEAU A L'OSEILLE

En famille, faites toujours le rôti de veau à la casserole. Seul ce mode de cuisson donne un jus exquis. Au four, le rôti est toujours plus sec et nécessite ensuite une sauce surajoutée.
Dans une cocotte de fonte, faites fondre et fumer du beurre. Posez-y le morceau de culotte ou de rouelle de veau pesant un kilo au moins. Il a été bien ficelé par le boucher qui, de plus, vous a donné de beaux os de veau et un morceau de pied.
Faites revenir à fond la viande. Il faut qu'elle soit presque brune, beaucoup plus que dorée. Vers la fin de cette opération, vous, avez ajouté deux ou trois oignons moyens et les os. Lorsque la viande est à point, vous ajoutez le pied, vous salez et vous couvrez le récipient après avoir ajouté de l'eau ou du bouillon en très petite quantité (un quart de verre environ). Baissez le feu et laissez mijoter une demi-heure par livre de viande. De temps à autre, vous découvrez, rajoutez un tout petit peu d'eau bouillante et retournez la viande.
Le jus doit toujours être très abondant pour que la viande ne soit pas bouillie. Il doit suffire à entretenir la vapeur dans laquelle cuit la viande.
Pendant je dernier quart d'heure, vous avez fait fondre de l'oseille avec du beurre dam une casserole. Ce sera la garniture du plat.
En temps voulu, vous retirer la viande, rallongez la sauce avec du bouillon ou de l'eau bouillante. Vous retirez les os, gardez la chair du pied et les oignons.
Servez le rôti sur le lit d'oseille, et la sauce, épaisse grâce aux oignons et au pied de veau, dans une saucière.

EPAULE DE VEAU FARCIE

Préparez une farce en maniant un peu de hachis de porc bien gras avec de la mie de pain rassis émiettée, imprégnée de lait et bien exprimée. Ajoutez à ceci des fines herbes et des champignons hachés. Le tout est malaxé à la main avec du sel et des épices.
Prenez cette farce et faites-la revenir au beurre dans une

poêle jusqu'à ce qu'elle dégage une bonne odeur de rôti. Laissez-la refroidir et maniez-la avec un oeuf entier. Déroulez devant vous l'épaule de veau que vous a livrée votre boucher. Recouvrez-la d'une bonne couche de farce. Roulez, ficelez solidement. A partir de ce moment, vous n'avez qu'à faire rôtir cette pièce comme celle du paragraphe précédent.
La farce qui fera issue du rôti fera une liaison à la sauce. Vous pouvez, du reste, ajouter, au jus, de la farce, s'il vous en reste.
Comme épices, employez de la muscade et de la marjolaine, si vous pouvez vous en procurer.
Comme garniture, quelques pommes de terre à l'anglaise.

GIGOT A LA BROCHE

C'est le roi des rôtis. Piquez-le avec deux gousses d'ail et mettez-le à la broche bien enduit de beurre. Commencez par un feu très vif. Le gigot pleure son beurre, sa graisse et commence à rougir. La peau se tend, se dessèche. Arrosez-le. Il prend belle couleur. Retournez-le avec amour. Il embaume toute la cuisine, l'atmosphère prend un air de fête. Laissez-le cuire devant un feu un peu moins fort, si vous voyez qu'il a tendance à trop se colorer. Il faut un quart d'heure de cuisson par livre. A partir du milieu de l'opération, salez et ajoutez un peu d'eau à la graisse. Arrosez fréquemment avec ce jus. Servez avec des haricots, c'est classique. Le jus est à part dans une saucière.
Découpez perpendiculairement à l'os, à l'anglaise. Ainsi, les tranches ne sont pas trop minces.

GIGOT MARINE

Faites mariner un gigot de taille moyenne pendant quarante-huit heures dans du vin blanc ou de l'eau vinaigrée. A ces liquides, ajoutez toutes les épices de votre collection et des oignons coupés en rondelles.
Pour rôtir le gigot, essuyez-le et procédez comme pour le précédent. Au lieu d'eau, ajoutez au jus la marinade bouillie, réduite et passée sur un linge.
Servez saignant avec une purée de marrons.

EPAULE DE MOUTON BRAISEE

Il faut rarement la servir saignante, vous aurez toujours une surprise désagréable. Très souvent, elle est nerveuse et coriace.
Piquez-la à l'ail. Faites-la revenir dans une cocotte; ajoutez des oignons. Salez, mouillez avec un peu d'eau chaude. Couvrez et laissez sur un tout petit feu une bonne demi-heure par livre. De temps à autre, vérifiez s'il y a assez de jus et retournez la viande.
Servez avec des haricots blancs et verts, cuits à par, mélangés et passés au beurre à la poêle.

ROTI DE PORC A L'ETOUFFÉE

A la cocotte, faites revenir un morceau de porc d'un kilo; ajoutez des oignons. Salez, mouillez avec un peu d'eau bouillante. Couvrez et laissez mijoter à petit feu. Il faut au moins trois quarts d'heure par livre.
La sauce bien grasse se marie très bien avec une purée de pommes de terre ou du riz cuit à la créole. On peut servir aussi avec une purée de pommes un peu acides.

QUELQUES ROTIS DE VOLAILLES ET DE GIBIER

POULET ROTI

Ne faites rôtir que des poulets dont vous êtes sûre. Ils doivent être très tendres et assez gros pour ne, pas être desséchés au feu.
Le mieux est de les rôtir à la broche. Autrement, faites-les au four. Plumez, videz, troussez le poulet. Hachez le foie et pétrissez-le avec un peu de mie de pain trempée de lait, des fines herbes, un peu de jambon haché. Liez cette petite farce avec un jaune d'œuf, salez et muscadez. Puis bourrez-en le poulet. Fermez l'orifice par une suture. Portez à la broche ou au four après avoir copieusement badigeonné la bestiole avec du beurre.
Saisissez devant un feu très vif. Arrosez avec le beurre fondu. Lorsque la couleur est réjouissante, salez, ajoutez un peu d'eau au jus. Arrosez et retournez souvent.
Il faut une heure de cuisson pour un beau poulet.
Je le répète, ne faites rôtir que des poulets assez gros : autrement, traitez-les en cocotte.
Le poulet rôti est exquis. Faites-le savourer tout seul, sans aucune garniture, avec son jus et un peu de farce.

POULETS DE GRAIN A LA CREME

Les poulets de grain sont, tout jeunes, très tendres. On peut cependant les faire à la broche, parce qu'ils sont cuits en vingt-cinq minutes. Arrosez très fréquemment. Liez la sauce avec de la crème maniée d'un peu de farine.
Servez avec de jeunes laitues accommodées, sans huile, avec du vinaigre, du sel, et de la crème fraîche.

POULET COCOTTE

Traitez ainsi un poulet que vous craignez de dessécher au four ou à la broche.
Dans une cocotte de fonte, faites fondre du lard coupé en

morceaux avec un peu de beurre.
Retirez les lardons. Faites revenir le poulet troussé, bien serré. Lorsqu'il est bien coloré, ajoutez de petites pommes de terre nouvelles, quelques petits oignons, des champignons coupés en lamelles. Couvrez. L'eau des champignons donnera assez de vapeur pour cuire le poulet à l'étouffée.
De temps à autre, retournez poulet et légumes. Lorsque les pommes de terre sont bien rissolées, ajoutez un peu de bouillon ou d'eau bouillante.
Ajoutez alors les lardons que vous aviez réservés. Salez avec précaution, car le lard est salé.
Faites mijoter sur petit feu pendant une petite heure.
Explorez le degré de cuisson du poulet en piquant ce dernier avec une fourchette. Si elle pénètre facilement, la pièce est prête. Servez dans une terrine a pâté bien chaude, après avoir allongé la sauce, s'il y a lieu.

CAMARD AU SANG

Méfiez-vous du canard au sang ; à1a ville, vous risquez fort de vous intoxiquer. C'est un plat à manger à la campagne, lorsqu'on a vu, quelques heures avant le déjeuner, le canard parqué loin de la mare où il vit en général assez salement.
Pour que le canard ne soit pas toxique, il faut donc l'éloigner pendant une semaine au moins de toutes les flaques stagnantes.
Le jour du sacrifice, on l'étouffe et, immédiatement, on le plume, le vide et on le met à la broche. Les fanatiques le font rôtir devant un balai de genêt enflammé. Lorsque le balai est consumé, le canard est cuit.
Soyez moins orthodoxe et laissez-le rôtir dix minutes par livre. En général, trente minutes suffisent.
Le canard est servi avec des pommes de terre frites. On le découpe ; il doit être saignant comme un bifteck.
En Ville, on fait autrement. Le canard est découpé et les membres sont regrillés, comme des côtelettes, sur un feu de charbon de bois.
Les aiguillettes sont prélevées, la carcasse passée dans une presse spéciale qui en extrait tout le sang.

Les aiguillettes sont arrosées de ce sang. On les flambe avec de l'eau-de-vie; on recuit le tout ensemble sur un plat de métal placé sur une lampe à esprit-de-vin.

CANARD AUX PETITS POIS

C'est un canard beaucoup plus cuit que le précédent. Aussi est-il beaucoup moins nocif.
Choisissez de jeunes canetons. Les vieux sentent toujours très fort et sont désagréables au goût, surtout si l'on tombe sur des animaux ayant vécu au bord des rivières et s'étant nourris de petits poissons.
Plumez, videz, troussez le caneton. Dans une sauteuse, faites-le revenir sur du lard fondu. Lorsqu'il a pris couleur, ajoutez des petits pois fins. Salez, épicez à peine, ajoutez un quart de verre d'eau chaude, couvrez le récipient et laissez cuire trois quarts d'heure. Servez à table dans la sauteuse.

CANARD AUX OLIVES

C'est un plat pour les amateurs. Le caneton étant troussé, vous le remplissez d'olives noires enoyautées. Vous fermez l'animal par un point de suture.
Faites alors revenir le canard dans une sauteuse sur du lard fumé fondu. Lorsqu'il a pris belle couleur, salez et arrosez-le avec très peu d'eau bouillante ou mieux de bouillon chaud. Couvrez et laissez cuire une demi-heure. Ajoutez alors une demi-livre d'olives vertes enoyautées, puis un verre de porto. Laissez cuire un quart d'heure encore. Servez avec une purée de pommes de terre bien épaisse, ou simplement avec la seule garniture d'olives noires et vertes.

CANARD AUX NAVETS

Procédez comme pour la préparation précédente, mais bourrez l'intérieur de la bête avec quelques cervelas que vous avez épluchés, puis coupés en petits dés. Faites revenir le canard dans une sauteuse avec du beurre. Il est bien doré. Salez-le, puis entourez-le avec des navets bien épluchés et coupés en dés. Si vous avez des navets nouveaux, le canard prend un parfum incomparable. Lorsque les navets commencent à rissoler, ajoutez un peu d'eau ou de bouillon. Couvrez le récipient et laissez cuire pendant une bonne heure. Le canard est prêt lorsque les navets sont cuits.

CANARD AUX POMMES

C'est un plat septentrional. Pour le réussir, remplissez le canard de pommes aigrelettes coupées en quartiers. Faites rôtir le canard à la broche. Arrosez avec la graisse, puis, à la fin de l'opération, avec un peu de bouillon ou d'eau.
Les pommes imprégnées de graisse et de jus serviront de garniture.

OIE ROTIE AUX MARRONS

C'est une grosse pièce qui donne cependant parfois des mécomptes, car souvent les oies sont maigres. Achetez donc des oies grasses. En vidant la bête, vous retirerez les paquets de graisse que vous ferez fondre et conserverez précieusement.
Pour farcir l'oie, employez des marrons de belle qualité. Epluchez-les au couteau pour enlever la première peau. Ils sont encore recouverts de leur fine cuticule. Pour vous en débarrasser, passez les marrons épluchés au four chaud. La cuticule se dessèche et s'enlève très facilement.
Echaudez les marrons dans l'eau salée bouillante. Bourrez-en l'animal et faites-le cuire au four après l'avoir enduit de beurre. Surveillez, retournez, arrosez avec la graisse, puis avec du jus. Il faut deux heures de cuisson. Si l'oie est tendre, c'est un plat exquis. Il faut que la chair soit moelleuse et la peau croustillante.

DINDE AU FOUR

C'est devenu un plat de millionnaire, surtout si on préparer avec des truffes.
Pour farcir cette superbe bête, faites un hachis de viande de porc, de jambon, de champignons, de pelures de.

truffes et de mie de pain humectée de lait.
Faites revenir la farce au beurre. Laissez refroidir. Pétrissez avec deux jaunes d'œufs. Salez, épicez, goûtez. Bourrez la dinde en ajoutant quelques truffes entières épluchées. Sous la peau, glissez de place en place des rondelles de truffes. Enduisez de beurre. Faites cuire au four en comptant vingt minutes, de cuisson par livre d'animal.
Arrosez avec le jus et du bouillon.
Avant de servir, ajoutez à la sauce un hachis de truffes et donnez cinq minutes de cuisson.
Découpez l'animal à table et servez chacun aussi copieusement en chair qu'en farce.
En décrivant ce plat, j'ai cru rêver.. à la fortune. La préparation suivante sera plus accessible à tous, et à moi-même.

PINTADE AUX CHOUX

La pintade est une exquise bestiole, moins fade que le poulet, moins sauvage que le faisan. Sa chair est brune et parfumée.
Plumez la pintade, videz-la, bridez-la et bardez-la de feuilles de lard.
Dans une sauteuse, faites revenir la bête. Lorsque le lard est bien doré, salez, puis entourez la pintade avec des choux blanchis et presque cuits à l'étouffée. Couvrez le récipient et laissez mijoter trois bons quarts d'heure.
Les choux bien gras et la pintade bien tendre se marient très agréablement.

PIGEONS EN COCOTTE

Plumez les pigeonneaux, videz-les en vous gardant bien d'oublier d'enlever le jabot qui contient toujours des graines. Bardez-les de lard et, rapidement, à la cocotte, faites-les revenir et cuire dans la graisse. Mouillez avec très peu d'eau bouillante. En vingt minutes, les pigeonneaux sont cuits. Servez-les sur une purée de pommes de terre arrosée avec le jus.

RABLE DE LAPIN AUX PRUNEAUX

C'est un plat très rapidement préparé, car le râble de lapin est minuscule. Piquez-le au lard, enduisez-le de beurre et portez-le au four dans une lèchefrite. Lorsqu'il a pris belle couleur, salez et arrosez-le copieusement et fréquemment de graisse et de vin blanc sec.
En une demi-heure ou trois quarts d'heure, le lapin est cuit. Pour la garniture, vous avez d'avance fait cuire de beaux pruneaux au vin blanc sans sucre. Qu'ils ne soient pas trop cuits. Réchauffer ces pruneaux dans le jus de la lèchefrite et servez le tout sur un même plat. J'ai vu parfois piquer les pruneaux avec des grains de cumin. Ce n'était pas mauvais.

RABLE DE LIÈVRE A LA CRÈME

C'est, une merveille. Enlevez les aponévroses d'un râble de lièvre, piquez-le de lard et laissez-le mariner pendant trois jours dans du vin blanc très sec, très épicé et très parfumé. Usez surtout de thym, qui se marie très bien avec le relent du lièvre.
Portez le râble au four après l'avoir essuyé et enduit de beurre. Pendant qu'il se dore, faites bouillir et réduire la marinade et passez-la sur un linge très fin.
Arrosez le râble avec la graisse. Salez et, vers la fin de la cuisson, arrosez avec la marinade réduite.
Un quart d'heure de four par livre de râble suffit tout à fait. Il doit être légèrement saignant.
Sortez le râble du four, tenez-le au chaud. Ajoutez à la sauce le reste de la marinade. Faites bouillir à grand feu pendant cinq à six minutes. Ecartez la casserole du foyer et liez cette sauce avec 200 grammes de crème épaisse maniée avec une cuillère à soupe de farine.
Servez avec un hachis de betteraves rouges préalablement cuites au four, passées au beurre à la poêle et légèrement acidifiées par l'addition d'une cuillère à soupe de vinaigre. Lièvre, betteraves et sauce à la crème constituent une symphonie gustative inoubliable.

LIÈVRE A LA ROYALE

Ce plat passe, pour être un tour de force culinaire. En réalité, il se fait tout seul. Il nécessite un lièvre, bien entendu, deux bouteilles de vieux bourgogne, quarante échalotes et quinze gousses d'ail. Sel et épices. Ne vous effrayez pas du nombre de gousses parfumées. Il n'a rien d'exagéré.

Ayez une sauteuse pouvant contenir à plat le râble du lièvre avec ses cuisses.

Si votre sauteuse est trop petite, coupez le râble en deux au niveau des vertèbres lombaires.

Faites fondre du lard, retirez les lardons et faites revenir le râble. Retirez du feu. Remettez les lardons dans la sauteuse. Ajoutez échalotes et aulx épluchés. Salez, poivrez. Versez une bouteille de bourgogne. Portez sur le feu. Etablissez l'ébullition. Couvrez et laissez mijoter pendant cinq heures.

A ce moment, avec deux fourchettes, dégagez la colonne vertébrale, qui se détache toute seule des muscles. Tâchez d'enlever presque tous les os sans effriter la viande. Si le vin est évaporé, rajoutez-en et laisser cuire encore une heure.

Ajoutez un bon verre d'armagnac. Faites bouillir deux minutes. Portez la sauteuse à table et servez vos hôtes. Ceux-ci, devant eux, auront une assiette bien chaude, un verre du même bourgogne qui a servi à la cuisson et jamais de fourchette. Le lièvre à la royale se mange à la cuillère.

FILET DE SANGLIER

Piquez le filet avec du lard et laissez-le mariner quelques jours dans du vin blanc, bien aromatisé et épicé.

Le jour de la cuisson, essuyez bien le filet et enduisez-le copieusement avec un pot de moutarde. Portez au four, arrosez avec de la crème chauffée. Il se fait rapidement un mélange de crème et de moutarde rissolée qui dégage une odeur sympathique.

A la fin de la cuisson, arrosez avec la marinade bouillie, réduite et passée sur un linge.

Un quart d'heure de cuisson par livre. Passez la sauce au chinois. Ajoutez une bonne cuillère de sirop de groseille. Donnez un bouillon.
Servez ce rôti saignant avec la sauce et des pommes de terre cuites à l'anglaise.

FAISAN A LA BROCHE

C'est la meilleure façon de préparer ce délicat gibier, du fait même que c'est la façon la plus simple. Ne recherchez pas les formules compliquées pour cet oiseau. Elles ne font que dénaturer sa saveur.
Certes, le salmis de faisan, que vous avez appris à faire quelques pages plus haut, est très bon, mais il ne vaut pas le simple faisan à la broche.
Plumez, videz le faisan en réservant le foie. Bardez de lard et faites rôtir à la broche le plus rapidement possible. En quarante minutes, vous avez un rôti à point. Arrosez-le avec le lard fondu et, à la fin seulement, avec un peu de bouillon mélangé à la graisse. Salez et n'épicez presque pas.
Pendant que cuit le faisan. vous avez écrase le foie et l'avez passé au beurre à la poêle. Au moment de servir, dégraissez la sauce. Dans cette graisse, faites frire quelques croûtons que vous tartinez d'un peu de foie pilé. Servez à chacun un morceau de faisan, un croûton et de la sauce. On peut ajouter quelques feuilles de cresson, mais c'est tout.

PERDREAU ROTI

Pour que le perdreau se prête à ce mode de cuisson, il faut qu'il soit perdreau et non perdrix. C'est-à-dire qu'il doit être jeune et tendre.
Ayez au moins un perdreau pour deux personnes. Plumez-les, videz-les et flambez-les. Bardez-les de lard après les avoir bourrés de raisins verts. Embrochez-les et faites-les rôtir devant un feu très vif. Il faut vingt minutes de cuisson pour faire rôtir les trois perdreaux que vous avez mis sur la même broche. Salez. Servez tels quels avec quelques croûtons frits dans la graisse de cuisson. Aucune garniture.

PERDRIX AUX CHOUX

Si la perdrix est vieille, faites-la aux choux. Pour cela, après l'avoir plumée, vidée et bardée de lard, vous la faites revenir dans une cocotte de terre ou de fonte. Salez et poivrez légèrement.
Dans la graisse fondue, ajoutez des choux préalablement coupés et blanchis, puis bien égouttés. Couvrez le récipient et laissez mijoter pendant une heure. De temps à autre, avec une fourchette, piquez la poitrine de la perdrix pour voir si elle est déjà tendre.
Le temps de cuisson est éminemment variable, suivant l'âge de la perdrix. Servez dans la cocotte.

CAILLES EN COCOTTE

C'est un plat fait en un quart d'heure. Vos cailles sont vidées et bardées. Bourrez-les de raisins de raisins vert. Faîtes-les revenir dans une cocotte de terre. A partir de ce moment, dix minutes de cuisson suffisent. Retirez-les, tenez-les au chaud, et, dans la graisse, faites sauter des croûtons de pain rassis.
Sur ces croûtons, à même la cocotte, posez les cailles et servez tel quel. Il faut deux oiseaux par personne.

BÉCASSE A LA BROCHE

La bécasse ne se vide pas, même lorsqu'elle eu très faisandée, à moins cependant qu'elle n'ait été massacrée par le chasseur, c'est-à-dire déchiquetée.
Vous pouvez lire dans le Code de la bonne chère les idées scientifiques actuelles sur le faisandage, faisandé ne veut pas dire putréfié. L'intestin de la bécasse ne se putréfie pas. Voici pourquoi on peut ne pas vider l'oiseau.
Bardez les bécasses de lard. Faites-les rôtir, quarante minutes devant un feu vif, à la broche. Pendant ce temps, vous avez préparé des croûtons que vous tenez au chaud. Quand les bécasses sont cuites, ouvrez-les en deux, retirez l'intestin. Ecrasez-le à la fourchette sur une assiette chaude. Tartinez les croûtons avec cette masse. Salez, poivrez légèrement. Arrosez de fine champagne et faites

flamber. Servez les bécasses entourées de ces tartines que vous arrosez avec le jus de cuisson.

QUELQUES PLATS DE LEGUMES

Le monde civilisé devient de plus en plus végétarien. Le fait est évident lorsqu'on compare les menus ordinaires d'une famille moyenne d'aujourd'hui à ceux d'il y a vingt ans.
Il y a vingt ans, deux repas de viande par jour étaient la règle. De nos jours, du moins dans la classe instruite, une telle distribution de repas est l'exception.
Le soir, on se contente d'une soupe aux légumes, d'un plat de légumes, de fromage et de fruits.
Deux causes sont à invoquer pour l'implantation de telles mœurs
1° La cherté de la viande;
2° L'hygiène.
Il est inutile d'insister sur la première de ces deux causes, elle est indiscutable. Quant à la seconde, elle constitue le triomphe des, efforts de la médecine et des médecins.
Il est en effet nuisible, du moins pour les adultes, de manger trop de viande, c'est-à-dire d'aliments azotés. Si l'enfant a besoin d'une très grande quantité d'albumine pour fabriquer ses tissus en croissance, il n'en est pas du tout de même pour l'adulte et à plus forte raison pour le vieillard.
L'enfant doit manger de la viande deux fois par jour. L'adulte se contentera d'un seul repas carné par vingt-quatre heures. Quant au vieillard, il devra supprimer presque complètement la viande de son régime alimentaire.
Ces pratiques ne sont possibles que si nous savons profiter des ressources qui nous sont données par le monde végétal.
Malheureusement, dans les livres de recettes, on n'insiste pas assez sur les légumes. Ces derniers entrent toujours comme garniture dans la confection des plats de viande, et même, s'ils figurent à part sur les menus, ils sont servis avec la viande.
On peut faire des repas uniquement composés de légumes sans, pour cela, se lasser de ce que l'on mange.

Pour s'accoutumer à de tels menus, il faut remplacer la viande par des légumes qui vous donnent l'illusion de la viande. On peut le faire en présentant des légumes garnis d'autres végétaux. Ainsi, les pommes de terre frites peuvent être servies avec une salade. Les courgettes frites avec des nouilles ou de la polenta. Les tomates sautées se marient très bien avec du riz cuit à la créole.
A la suite d'un tel plat, servez des haricots verts, un fromage blanc à la crème et des fruits, et vous aurez traité royalement vos hôtes.
Il suffit d'avoir un peu d'imagination et de n'avoir pas peur de créer des plats qui n'existent pas dans les livres. La cuisine n'en devient que plus intéressante, que plus artistique, car elle reflète l'esprit de celui qui la fait.
Avant de combiner les légumes les uns avec les autres, il faut tout d'abord savoir les faire cuire. Procédons donc à la confection des plats de légumes classiques.

POMMES DE TERRE EN ROBE DES CHAMPS

On dit ordinairement "en robe de chambre".
Quel que soit leur nom, pour faire ces pommes de terre cuites dans leur cuticule, ne prenez que des pommes de terre à chair jaune. Evitez la hollande rouge ; elle est trop farineuse et se met souvent en miettes durant la cuisson.
Faites bouillir de l'eau salée. Pendant ce temps lavez les pommes de terre pour les débarrasser de la terre qui les souille. Plongez-les dans l'eau bouillante, laissez l'ébullition se rétablir et attendez vingt minutes. Explorez le degré de cuisson en piquant la plus grosse pomme de terre avec une épingle. Si celle-ci entre facilement, retirez les pommes de terre de l'eau, servez-les dans une serviette.
Donnez du beurre très frais dans des raviers et du gros sel sur une soucoupe.
On peut manger aussi les pommes de terre ainsi préparées avec de l'huile d'olive ou avec des filets de harengs-saurs.

SALADE DE POMMES DE TERRE

Faites cuire les pommes de terre en robe des champs et attendez qu'elles refroidissent complètement.

Alors seulement, épluchez-les et coupez-les en rondelles.
Assaisonnez comme une salade avec huile d'olive, vinaigre, sel, poivre, moutarde. Ceci étant fait, ajoutez dans le saladier deux cuillères d'eau. Cette eau rendra la salade moelleuse. Elle empêchera l'huile de pénétrer totalement dans les rondelles.
On peut, et on doit même, faire des additions à cette salade classique. On en multiplie ainsi les formules.
Ajoutez de l'estragon haché nu du cerfeuil coupé menu. C'est exquis. Avec des filets de harengs et quelques rondelles de betterave cuite, on obtient une nouvelle salade, de couleur et goût différents.
Avec de la mayonnaise, la salade de pommes de terre prend un velouté incomparable.

POMMES DE TERRE SAUTÉES

Traitez les pommes de terre comme si vous commenciez une salade. Cuisez-les en robe des champs. Laissez-les refroidir, puis coupez-les en rondelles.
Dans une vaste poêle, faites fondre moitié beurre, moitié saindoux. Lorsque la graisse est bien fumante, faites-y tomber les rondelles. Secouez tout le temps la poêle pour empêcher les pommes de terre de coller au fond. De temps à autre, réunissez-les toutes dans le segment de la poêle le plus éloigné de la queue. Puis, d'un geste brusque, faites-les sauter en l'air, pour les recevoir à nouveau dans la graisse. Elles se retournent d'elles-mêmes en l'air... D'où... pommes de terre sautées.
Lorsqu'elles sont bien rissolées, servez en garniture ou toutes seules.
Le secret de la réussite consiste dans la quantité de corps gras que vous employez. Il vaut mieux en mettre plus que pas assez. On peut toujours en récupérer l'excédent et s'en servir pour autre chose.

POMMES DE TERRE FRITES

Vous savez les faire, si vous avez lu attentivement la seconde leçon de ce petit manuel.
Employez comme friture de la graisse de rognons de bœuf

fondue et passée.
Que cette friture fume franchement et que les p o m m e s de terre soient bien essuyées dans un torchon.
On peut couper les pommes de terre de deux façons différentes :
1° En rondelles, vous avez alors la pomme frite des restaurants;
2° En petits parallélépipèdes oblongs, c'est la pomme Pont-Neuf.
Faites toujours frire les pommes de terre en deux temps :
1° Jetez-les dans une graisse fumant à peine. Attendez qu'elles perdent leur opacité. Vous les retirez de la graisse lorsqu'elles peuvent s'écraser à la fourchette. Il faut 8 à 10 minutes environ. Laissez-les égoutter ;
2° Réchauffez la friture. Lorsqu'elle fume franchement, vous y plongez les pommes de terre égouttées ; elles deviennent croustillantes. Sortez-les, égouttez-les et salez à chaud.

POMMES DE TERRE SOUFFLEES

Suivez bien mes conseils et vous réussirez toujours, même avec un seul bain de graisse.
Prenez de très grosses pommes de terre. Epluchez-les. Au couteau, abattez toutes les aspérités, de façon que chaque pomme de terre soit parfaitement lisse et régulière.
Découpez-les en tranches de l'épaisseur d'une pièce de 5 francs, c'est-à-dire (il faut l'expliquer aujourd'hui), 3 millimètres environ.
Les rondelles doivent être taillées dans le sens le plus large de la pomme de terre. Elles doivent être les plus grandes possible. Le mieux est de se servir d'un rabot spécial qui débite des rondelles ayant exactement la même épaisseur.
Essuyez-les dans un torchon.
Procédez à la cuisson. Pour cela, ayez un bain abondant de graisse de rognons de bœuf. Posez-le sur le feu et attendez qu'il soit presque fumant.
Faites ce qui suit :
1° Dans le bain ne fumant presque pas, immergez une trentaine de rondelles. Agitez le bain en le tenant par les anses, pour que les rondelles ne se collent pas entre elles.

Laissez sur le feu jusqu'à ce que les pommes de terre soient devenues molles (4 minutes a peine) ;
2° Enlevez la bassine du feu et laissez-la refroidir 5 minutes avec tout son contenu ;
3° Replacez la bassine sur un très grand feu. Dès que la graisse commence à fumer, quelques rondelles commencent à souffler. Continuez la Cuisson jusqu'au moment où les rondelles rougissent sur leur circonférence ;
4° A ce moment, sortez les rondelles de la grasse et laissez-les égoutter. Pendant ce temps, réchauffez la graisse ;
5° La graisse fume abondamment. Immergez les rondelles. La plupart soufflent. Attendez la cuisson et servez.
On peut, à ce cinquième temps, sans attendre la, cuisson, les retirer de la graisse et les conserver pour les réchauffer même le lendemain.
Elles souffleront toujours.

POMMES DE TERRE PAILLE

Ce sont des pommes de terre découpée en très minces lanières.
Pour les découper ainsi, taillez d'abord des rondelles. Empilez-en cinq ou six les unes sur les autres et coupez-les perpendiculairement à leur surface en petits bâtonnets aussi minces que l'épaisseur des rondelles.
Faites-les cuire en deux temps :
1° Dans une friture moyennement chaude ;
2° Dans une friture brûlante.
Salez au sortir du bain de graisse, après avoir égoutté soigneusement.

POMMES DE TERRE SHIP

Ce sont ces pommes de terre fines, croquantes, cassantes que l'on grignote, bien salées, dans les bars à la Mode. Servies ainsi, elles donnent soif et font boire. Cependant, on peut les adapter à une tout autre fin.
Avant tout, elles constituent une gourmandise véritable, car elles sont exquises. De plus, elles peuvent être transformées en produit de régime pour les malades et, en

particulier, pour les diabétiques.
Ayez un rabot spécial pour pommes de terre. Réglez-le pour les pommes ship. Rapidement, vous pourrez couper un monticule de ces minuscules languettes. Alors plongez-les dans une bassine sous un robinet d'eau courante. Rapidement, l'eau entraînera la totalité de l'amidon de la pomme de terre. Celle-ci deviendra un aliment pour diabétique.
Egouttez, essuyez ces pommes de terre ainsi coupées et faites-les frire en deux temps dans la graisse bouillante et fumante. Lorsque après la deuxième immersion elles sont bien sèches, sortez-les de la friture. Egouttez et salez.

PUREE DE POMMES DE TERRE

Epluchez des pommes de terre de Hollande rouges. Ce sont les plus farineuses. Coupez-les en morceaux, couvrez-les à peine d'eau salée dans une casserole. Couvrez. Faites bouillir jusqu'à ce qu'elles commencent à s'effriter. Rejetez l'excédent d'eau. (Le mieux est d'employer juste la quantité d'eau nécessaire suffisante pour la cuisson.)
Passez ces pommes de terre soit au tamis, soit à la passoire, à l'aide d'un pilon. Ajoutez petit à petit du lait chaud jusqu'à bonne consistance. Faites-y fondre un beau morceau de beurre. Rectifiez l'assaisonnement. Réchauffez un instant. Servez. On peut agrémenter la purée soit de crème épaisse, soit de jaunes d'œufs soit de parmesan râpé.

CROQUETTES DE POMMES DE TERRE

1° Faites cuire des pommes de terre à l'eau comme pour une purée. Passez-les au tamis et réservez la pulpe ainsi obtenue;
2° Préparez une pâte à choux. Pour cela dans une casserole, faites chauffer deux verres d'eau avec 80 grammes de beurre et un peu de sel. Lorsque le liquide bout, retirez-le du feu et faites-y tomber 230 grammes de farine en tournant le tout à la spatule de bois. Vous obtenez une colle épaisse. Remettez la casserole sur le feu vif et travaillez la pâte jusqu'à ce qu'elle attache au fond.

Elle est dite "desséchée", Alors, loin du feu, vous ajoutez 3 oeufs, un à un. La pâte doit rester ferme, ne pas être trop fluide. Elle doit avoir la consistance d'un mastic tendre. C'est la pâte à choux;
3° Mélangez par moitié pâte et pommes de terre. Amalgamez le tout,;
4° Ayez un bain de friture très fumante. A l'aide d'une cuillère, cueillez de grosses noix du mélange et laissez-les tomber dans la friture. Faites 10 à 15 croquettes à la fois. Cinq minutes de cuisson suffisent. Retirez-les de la friture lorsqu'elles sont bien dorées.

TOPINAMBOURS AU BEURRE

Les topinambours sont les "fonds d'artichaut" du pauvre. C'est, du moins, ainsi qu'on les appelle. La dénomination est exagérée, car jamais le topinambour ne remplacera l'artichaut. Ça ne l'empêche pas de constituer un excellent légume.
Lavez les topinambours, épluchez-les. Faites-les cuire à l'eau salée bouillante. Une fois bien égouttés, arrosez-les de beurre fondu et saupoudrez-les de chapelure blonde.
C'est là un très bon plat pouvant paraître, quoi qu'on en dise, sur la table des plus riches et des plus raffinés.

TOPINAMBOURS FRITS

Epluchez-les, essuyez-les et coupez-les très mince. Le mieux est de les traiter comme des pommes ship. Jetez-les dans la graisse fumante. Retirez-les après cinq minutes. Réchauffez la friture et faites recuire une minute.
Vous aurez des topinambours frits, croustillants, que vous n'aurez qu'à saler.

PETITS POIS A LA FRANÇAISE

C'est la meilleure et la seule façon de préparer les petits pois.
Ce délicat légume est surtout exquis à la campagne, si on les fait cuire dès la cueillette. En effet, très rapidement, ils perdent leur sucre et leur arôme. Epluchez donc des petits

pois fins. Mettez-les dans une casserole de cuivre étamé avec un gros morceau de beurre, des petits oignons et une laitue liée avec un fil. Salez et ne poivrez pas. Couvrez et laissez cuire
vingt-cinq minutes. En général, ce temps est suffisant pour obtenir un plat inoubliable.
Retirez la laitue avant de servir. Si vous ne l'aviez pas liée, elle se serait effritée et ses fragments auraient nui, par leur présence, à l'esthétique du plat.
Vous pouvez servir avec des croûtons de pain rassis frits dans du beurre très frais.

PETITS POIS A L'ANGLAISE

C'est la méthode de cuisson employée dans les restaurants, où les petits pois sont employés à tout bout de champ comme garniture. N'employez ce procédé que si vous avez des petits pois trop gros, trop vieux, mal racés.
Pour les faire cuire ainsi, jetez-les dans l'eau salée bouillante, maintenez l'ébullition et attendez qu'ils soient cuits. Vous en jugerez en les goûtant de temps à autre.
Servez comme garniture avec des plats qui ont déjà une sauce quelconque : filets garnis, par exemple.

PETITS POIS AU VELOUTE

Faites cuire des petits pois à la française. Ceci fait, liez la sauce avec de la crème très fraîche maniée avec très peu de farine. Un seul bouillon et servez.

POIS CASSES

On vend sous le nom de pois cassés des petits pois verts qui ont été desséchés et décortiqués. On obtient ainsi une ressource précieuse pour l'hiver.
Malheureusement, au cours de sa dessiccation, le petit pois perd complètement la majeure partie de ses qualités gastronomiques. Il devient un "farineux". En effet, comme consistance, une fois cuit, il se rapproche plus du haricot que du pois vert.
Puisque le petit pois sec a perdu une partie de son eau, il

faut la lui redonner avant sa cuisson. C'est du reste une loi générale de cuisson de tous les légumes secs. Il faut les faire tremper pendant douze heures dans de l'eau froide avant de les faire cuire. C'est vrai pour les pois cassés, les lentilles, les haricots, les fèves etc...
Donc, faites tremper les pois cassés dans de l'eau froide pendant la nuit. Le lendemain. faites-les cuire. Pour cela, vous les couvrez d'eau froide. Vous ajoutez dans la casserole un morceau de lard fumé ou de petit salé. Vous couvrez le récipient et laissez bouillir. Vous ne salerez qu'à la fin de l'opération si cela est nécessaire, car le lard est souvent très salé.
Après une heure de cuisson, le lard est prêt et les pois cassés sont tendres.
Décantez l'excédent d'eau, s"il y en a. Dans une passoire, écrasez les pois au pilon. Vous obtenez une purée épaisse. Ajoutez du beurre et du lard fondu. C'est un plat excellent et très nourrissant. Servez avec le lard.
La purée de pois constitue la garniture de choix pour les andouillettes.

HARICOTS VERTS A l'ANGLAISE

Epluchez les haricots verts et plongez-les dans de l'eau bouillante salée à laquelle vous avez ajouté une pointe de couteau de bicarbonate de soude.
Laissez bouillir le liquide. Après vingt-cinq minutes environ, les haricots sont cuits. Vous le constaterez en les goûtant.
A ce moment, jetez-les sur un tamis et arrosez-les d'eau froide. Ils resteront plus fermes et plus verts.
Servez-les après les avoir, dans une casserole, additionnés de beurre et réchauffés très rapidement, sans les faire rissoler. Saupoudrez-les avec du persil haché très fin.

HARICOTS VERTS SAUTÉS

Faites cuire les haricots verts comme précédemment. Une fois sortis de l'eau, jetez-les dans une poêle à frire contenant du beurre fondu et fumant.
Faites sauter les haricots comme les pommes de terre. Arrêtez-vous au moment où vous les jugerez assez

rissolés. Saupoudrez de persil haché très fin.

HARICOTS VERTS A LA CREME

Préparez des haricots verts à l'anglaise. Une fois beurrés et réchauffés, vous les liez avec un quart de crème épaisse très fraîche. Servez sur un plat très chaud après avoir laissé une demi-minute sur le feu pour chauffer la crème.

HARICOTS BLANC A L'ANGLAISE

Faites tremper des haricots blancs à l'eau froide pendant douze heures environ. Puis, posez sur le feu une casserole contenant une quantité d'eau assez abondante pour que les haricots que vous y mettrez soient "à leur aise". Salez cette eau et portez-la à l'ébullition. Jetez-y alors les haricots trempés ; ajoutez un gros oignon épluché et un quart de feuille de laurier.

Rétablissez l'ébullition. Couvrez le récipient et maintenez le feu assez ardent pour que le liquide puisse bouillir continuellement à gros bouillon.

En général, en une heure, les haricots sont cuits. Laissez-les refroidir dans leur eau de cuisson, si vous ne les employez pas de suite. Ainsi traités, il n'éclatent pas en refroidissant.

Gardez l'eau pour faire une excellente soupe.

Pour les servir, faites-les réchauffer dans leur eau de cuisson, puis égouttez-les en les jetant sur une passoire. Dans un plat chaud, mélangez-les, en prenant des précautions, avec du beurre frais. Ce dernier étant fondu, saupoudrez de persil haché.

Pendant la belle saison, employez des haricots blancs frais. Inutile de dire qu'alors il ne faut pas les faire tremper et que le temps de cuisson se trouve fort réduit.

LENTILLES AU LARD

Faites tremper les, lentilles dans de l'eau froide pendant douze heures, après les avoir triées dans le but de rejeter pierres et impuretés qui les souillent toujours.

Portez-les alors dans une casserole. Couvrez-les d'eau et

ajoutez au tout un beau morceau de lard fumé et deux oignons entiers épluchés.
Etablissez l'ébullition, couvrez et laissez cuire pendant une heure environ. En général, ce temps suffit à cuire les lentilles les plus rebelles. De temps à autre, vérifiez s'il y a assez d'eau dans le récipient
Avant de servir, enlevez l'excès de liquide, s'il y a lieu; puis, ajoutez un beau morceau de beurre, laissez-le fondre.
Servez avec le lard et du persil haché très fin.

CHOUX BRAISES

Prenez un beau chou blanc. Enlevez les mauvaises feuilles. Coupez-le en quatre pour le mieux nettoyer et vérifiez s'il n'est pas l'hôte d'insectes parasites.
Puis, perpendiculairement à son axe, coupez le chou en minces lanières.
Ayez une casserole contenant de l'eau froide. Jetez-y le chou coupé. Rapidement, élevez la température jusqu'au premier bouillon. Jetez l'eau. Vous avez "blanchi" le chou.
Alors faites revenir dans une cocotte du lard coupé en dés. Lorsque les lardons sont bien desséchés, placez le chou coupé dans le récipient. Couvrez. Après dix minutes, le chou a perdu son eau et il se fane tout à fait. Tassez-le bien avec une écumoire. Salez un peu, poivrez de même. Couvrez le récipient et laissez mijoter trois heures sur un très petit feu.
Excellente garniture pour le gibier ou la rôti de porc.

PIGEONS MOSCOVITES

Préparez une farce avec des restes de viande, rôtie ou bouillie, de la veille. Hachez cette viande avec du lard gras. Faites revenir le hachis avec un oignon coupé très menu, au beurre, à la poêle. Salez, épicez. Ajoutez un tiers environ de riz cuit à la créole. Laissez refroidir et maniez cette farce ave c un jaune d'œuf. La farce est prête.
Prenez de grandes feuilles de chou. Trempez-les un instant dans l'eau bouillante pour les faner.
Tartinez chaque feuille avec une belle couche de farce. Roulez la feuille, sur elle-même, ficelez. Vous obtenez ainsi

de petits paquets farcis.
Dans une cocotte, faites fondre du lard. Dans cette graisse, faites revenir les "pigeons moscovites". Puis mouillez avec un peu de bouillon. Couvrez le récipient et laissez mijoter pendant une bonne heure et demie. Vérifiez de temps à autre si la sauce est assez abondante. Liez-la au fur et à mesure avec de la farce, s'il vous en reste. Avant de servir, ajoutez un quart de crème épaisse. Enlevez les ficelles avec précautions. Rangez les pigeons dans un plat creux. Arrosez avec la sauce crémeuse... C'est tout.

CHOU FARCI

Prenez un beau chou blanc. Enlevez les grosses feuilles. Lavez-le, puis trempez-le dans l'eau bouillante pendant un quart d'heure. Les feuilles se ramollissent et peuvent ensuite être écartées facilement les unes des autres sans se détacher du pédoncule.
Pendant ce temps, vous avez préparé une farce analogue a celle des pigeons moscovites. Toute autre farce convient, pourvu qu'elle soit liée à l'œuf cru. De cette façon, en cuisant, elle coagulera, se raffermira et restera entre les feuilles.
Ecartez donc les feuilles et bourrez les interstices avec la farce en question. Liez le chou. Couvrez-le de bardes de lard et faites cuire au four pendant une heure environ.
Arrosez de temps à autre avec du bouillon ou du vin blanc.
Liez la sauce avec de la crème, avant de servir.

CHOUCROUTE ALSACIENNE

Pour obtenir une bonne choucroute, il faut:
1° Bien laver la choucroute pour qu'elle ne soit pas acide;
2° La graisser avec abondance pendant la cuisson;
3° La cuire le plus longtemps possible.
Ainsi faite, la choucroute est exquise, même sans aucune garniture.
Il vaut mieux cependant l'entourer de saucisses et de jambon. Elle constitue alors un repas complet.
Ceci dit, lavez donc bien à l'eau froide et courante trois livres de choucroute que vous avez choisie très blanche.

Egouttez-la convenablement.
Dans une cocotte de terre ou de fonte, faites fondre un morceau de beurre et ajoutez une demi-livre de lard fumé coupé en dés. Lorsqu'il est fondu et que les lardons commencent à se dessécher, vous placez la choucroute dans la marmite. Eparpillez-en les fibres en ajoutant du vin blanc d'Alsace. La choucroute baigne alors dans un peu de jus.
Ajoutez 200 grammes de graisse d'oie fondue. Salez très peu, ajoutez des grains de poivre et de genièvre. Couvrez et laissez mijoter quatre heures.
La choucroute commence à être bonne. Observez le jus. S'il est trop abondant, ouvrez la marmite et laissez-le évaporer sur le feu. Ceci fait, ajoutez une belle saucisse fumée. Couvrez et laissez mijoter trois quarts d'heure encore.
Servez avec la saucisse découpée en rondelles, des tranches de jambon, des saucisses de Strasbourg bouillies cinq minutes et des pommes de terre cuites à l'anglaise.

CHOU-FLEUR A LA POLONAISE

Faites cuire un chou-fleur à l'eau salée. Lorsqu'il est prêt, retirez-le de son bain de cuisson, égouttez-le et tâchez de le conserver dans son entier.
Dans une petite casserole, faites fondre beaucoup de beurre. Ajoutez-y un oeuf dur haché très fin et de la chapelure. Réchauffez le tout, arrosez-en le chou-fleur qui paraîtra à table ainsi habillé. C'est un plat assez cher, car il nécessite beaucoup de beurre.

CHOU-FLEUR A LA BECHAMEL

Faites cuire un chou-fleur à l'eau salée. Découpez-le en fragments en coupant les pédoncules. Respectez l'intégrité des petites tètes blanches. Rangez-les dans un plat allant au four. Arrosez-les de sauce Béchamel. Saupoudrez avec du parmesan râpé et gratinez très légèrement au four.
Ce temps n'est pas indispensable ; le chou-fleur simplement arrosé de sauce Béchamel est un plat très rapidement préparé et très bon. Il nécessite beaucoup moins de beurre que le précédent.

CHOUX DE BRUXELLES SAUTES

Faites cuire dans l'eau salée des choux de Bruxelles soigneusement lavés.
Pendant ce temps de la préparation, fermez la porte de la cuisine et ouvrez la fenêtre, car, en cuisant, les choux de Bruxelles dégagent une odeur très forte.
Lorsqu'il sont à point, ce que vous constaterez en les goûtant, vous les jetez sur une passoire et attendez qu'ils soient bien égouttés.
Dans une sauteuse ou une poêle à frire, vous faites fondre et fumer du beurre. Vous y jeter les choux de Bruxelles et vous les faites sauter comme vous avez appris à le faire pour les pommes de terre. Salez, poivrez très légèrement. Servez comme garniture pour du veau ou du porc.

ARTICHAUTS A LA VINAIGRETTE

Faites cuire les artichauts dans une vaste marmite contenant de l'eau bien salée.
Ils sont prêts quand les feuilles se détachent aisément lorsqu'on tente de les arracher. Retirez-les de l'eau et placez-les sur un plat ou une grande passoire, en ayant soin d'orienter les pointes de feuilles vers le bas. Ainsi ils égoutteront complètement. Il n'est rien de plus désagréable, en effet que des artichauts dont l'eau de cuisson se mélange avec la sauce de l'assiette.
Pour cette raison, il est préférable de cuire les artichauts à la vapeur, sans les immerger dans l'eau.
Il faut pour cela faire l'acquisition d'un appareil spécial qui se vend un peu partout.
Les artichauts étant cuits, refroidis, servez-les avec une sauce vinaigrette que vous donnez dans une saucière. Cette sauce doit être constituée par de l'huile, du vinaigre, du sel et peu de poivre. Je ne vous conseille pas d'y ajouter de moutarde, vous atténueriez le goût si délicat de l'artichaut.

ARTICHAUTS AU BEURRE FONDU

Faites cuire les artichauts à la vapeur ou à l'eau salée bouillante. Egouttez-les. Servez-les chauds, accompagnés de beurre fondu dans une saucière.

ARTICHAUTS A LA BARIGOULE

Ce sont des artichauts farcis, bardés de lard et cuits au four.
Préparez d'abord la farce. Pour cela, faites un petit roux blond avec du beurre, de la farine et du vin blanc. Dans cette sauce, ajoutez un hachis de champignons, oignons, échalotes, tomates. Salez, épicez. Laissez cuire et réduire jusqu'à ce que vous ayez obtenu une purée épaisse.
Pendant ce temps, prenez des artichauts jeunes. Coupez les feuilles au ras du foin. Faites amollir ces artichauts en les faisant cuire un quart d'heure à l'eau salée bouillante.
Retirez-les, égouttez-les, laissez-les refroidir. Emplissez les interstices des feuilles avec la farce.
Bardez de lard les artichauts ainsi préparés, ficelez-les et faites-les cuire une bonne heure au four, en les arrosant avec un peu de bouillon. Servez avec la sauce qui s'est réduite dans le plat.

ARTICHAUTS FRITS

Prenez de très jeunes artichauts. Coupez-les en quatre. Avec des ciseaux, enlevez la partir libre des feuilles. Faites cuire ces tronçons dans l'eau bouillante salée. Lorsqu'ils sont prêts, retirez-les de l'eau. Faites-les sécher très convenablement Le mieux est de les cuire à l'eau la veille de la friture.
Faites frire dans un bain d'huile d'olive fumante.
Servez à l'espagnole, avec, des saucisses et des oeufs frits dans la même huile.

ASPERGES SAUCE MOUSSELINE

Si vous voulez manger de bonnes asperges, ne vous contentez pas de les gratter. Il faut enlever une bonne partie de l'épiderme à l'aide du couteau. Ainsi, vous obtiendrez des asperges qui peuvent se manger en entier.

Elles ne seront pas flasques si vous ne les faites pas trop cuire.
Epluchez donc vos asperges et faîtes-les bouillir dans l'eau salée. Dès qu'elles se laissent pénétrer facilement par les pointes d'une fourchette, retirez-les de l'eau, laissez-les bien égoutter et servez-les sur un plat recouvert d'une serviette, qui absorbera toute l'eau qui pourrait rester sur les asperges.
En même temps, donnez une sauce mousseline, c'est-à-dire une sauce hollandaise rendue plus légère par l'adjonction d'un peu de crème fouettée.

ASPERGES AU BEURRE

Faites cuire les asperges à l'eau et servez avec du beurre fondu dans lequel vous aurez mis en suspension un peu de chapelure ou de mie de pain rassis émiettée.

POIREAUX A LA BÉCHAMEL

Prenez de beaux poireaux et coupez les feuilles vertes. Ne conservez que le blanc. Incisez, en long, la partie supérieure pour pouvoir bien laver les poireaux et enlever ainsi tout le sable qui les souille toujours. Ceci fait, faites-les bouillir à l'eau salée jusqu'au moment où la fourchette qui les pique les pénètre facilement.
Sortez-les de l'eau, égouttez-les et servez avec une béchamel.
Gardez l'eau de cuisson qui pourra servir à faire le fond d'un potage.
Les poireaux peuvent s'accommoder de toutes les façons employées pour les asperges.

SALSIFIS SAUTES

Grattez les salsifis. Si vos mains en sont noircies, nettoyez-les rapidement avec du jus de citron, puis de l'eaU vinaigrée.
Faites-les cuire à l'eau salée bouillante jusqu'à consistance convenable. Egouttez-les et faites-les sauter au beurre comme des pommes de terre.

PUREE SOUBISE

Epluchez un kilo d'oignons. Choisissez-les assez gros, le travail sera fait plus rapidement et vos yeux en pleureront moins longtemps.
Si vous voulez que vos doigts ne sentent pas l'oignon, vous n'avez qu'à faire ce travail sous le filet d'eau d'un robinet ouvert.
Sur une planche, coupez ces oignons très fin en vous servant d'un couteau et d'une fourchette.
Alors, posez une casserole de cuivre sur le feu. Faites fondre un demi-quart de beurre et ajoutez-y les oignons. Couvrez. Rapidement l'eau de végétation exsude. Salez et poivrez. Laissez cuire en récipient couvert, sur un petit feu, pendant trois quarts d'heure environ.
Passez cette purée sur un tamis à l'aide d'un pilon.
Pendant la cuisson des oignons, vous aviez préparé une sauce Béchamel très épaisse.
Mélanger intimement volumes égaux de purée d'oignons et de béchamel. Rectifiez l'assaisonnement ; servez comme sauce avec des oeufs pochés ou des andouillettes grillées.

CAROTTES VICHY

Si vous avez des carottes nouvelles, grattez-les et laissez-les en entier.
Si vous n'avez que de vieilles carottes, grattez-les et coupez-les en rondelles ou en dés.
Dans une casserole de cuivre, rangez vos carottes, couvrez-les d'eau froide, ajoutez du beurre et une pointe de couteau de bicarbonate de soude. Salez et poivrez très légèrement. Posez sur le feu et couvrez. L'eau bout ; après une demi-heure de cuisson, les Carottes sont cuites, en général. En tout cas, goûtez-les avant de conclure.
Découvrez alors le récipient et laissez l'eau s'évaporer complètement.
Servez après avoir orné d'une petite poussière de persil haché très très fin.

CAROTTES A LA CREME

Laissez cuire les carottes comme pour la préparation précédente. Une fois les carottes cuites, n'évaporez pas l'eau, mais liez ce jus avec de la crème maniée d'un peu de farine.

CAROTTES AU LARD

Procédez comme pour les carottes Vichy. Seulement, employez du lard fondu au lieu de beurre.
Pendant toute la durée de la cuisson à l'eau, laissez bouillir les lardons ainsi que des dés de lard fumé.
Prenez garde, en salant. Le lard est, en général, très salé.

NAVETS BRAISES

Souvenez-vous que les navets doivent être plus que grattés. Ils doivent être épluchés. N'ayez pas peur d'enlever de l'épiderme, si vous voulez que les navets ne soient pas ligneux.
Donc, épluchez des navets, puis coupez-les en dés ou en rondelles.
Dans une cocotte de fonte, faites fondre du lard. Prenez moitié lard gras, moitié poitrine fumée.
Dans la graisse fondue, jetez les navets épluchés et attendez qu'ils se colorent un peu. Mouillez avec un peu de bouillon. Couvrez la cocotte et laissez cuire à petit feu pendant une bonne demi-heure. Salez avec précaution à la fin de l'opération seulement.

PUREE DE NAVETS

Epluchez les navets, coupez-les en rondelles. Dans une casserole, couvrez-les d'eau. Salez et faites cuire en récipient couvert.
Lorsque les navets sont presque cuits, découvrez le récipient, poussez le feu de façon à faire évaporer l'eau complètement.
Passez ces navets au tamis à laide du pilon. Accommodez cette purée avec du beurre et des câpres. C'est la garniture

classique de toutes les viandes bouillies à l'anglaise.

AUBERGINES FRITES

N'épluchez pas les aubergines. Coupez-les longitudinalement en tranches minces. Passez ces tranches à la farine et faites-les frire en pleine friture. Les tranches doivent avoir un demi-centimètre d'épaisseur, au maximum.

AUBERGINES A LA TOMATE

Coupez les aubergines en tranches, comme un saucisson. Ces tranches auront un centimètre environ d'épaisseur.
Passez-les un instant dans l'eau salée bouillante pour les ramollir. Vous ferez ainsi une grande économie d'huile, dans la suite de l'opération.
Dans une poêle à frire faites chauffer de l'huile d'olive dans laquelle vous avez jeté une gousse d'ail hachée très fin et quelques échalotes coupées menu.
Lorsque l'huile fume, posez sur la poêle les trois ou quatre aubergines que vous avez coupées en rondelles.
Activez le feu. Salez, poivrez. Laissez cuire a ciel ouvert. Secouez la poêle de temps à autre, pour que les aubergines n'attachent pas au fond.
Un quart d'heure de cuisson suffit en général. Avant de servir, arrosez avec une purée de tomates. Saupoudrez de parmesan et servez sans faire gratiner.

TOMATES PROVENÇALE

Coupez les tomates en deux, perpendiculairement à l'axe du fruit. Posez-les dans une poêle contenant de l'huile chaude, de l'ail et des échalotes hachées. Posez les tomates, la surface plane tournée vers le bas.
Après cinq minutes, retournez les tomates. Piquez-les à la fourchette de façon à percer l'épiderme. Cuisez à feu moyen. Salez, poivrez, Un quart d'heure après, les tomates sont prêtes. Saupoudrez d'une poussière de persil haché, avant de servir.

TONATES FARCIES

Ouvrez les tomates comme précédemment. Evidez l'intérieur de chaque moitié et remplissez avec une farce quelconque à la viande ou au poisson. Maniez toujours cette farce avec un oeuf cru. Saupoudrez de fromage et portez au four doux. Laissez cuire pendant une demi-heure, puis poussez le feu pour gratiner.
Dans un four à gaz, c'est une opération très facilement réalisable.
Servez tel quel, ou comme garniture autour d'un rôti ou d'un poisson rôti au four.
Une farce à la morue fait de très bonnes tomates farcies.

PUREE DE TOMATES

Prenez un kilo au deux de tomates.
Coupez-les en huit. Dans une casserole faites-les cuire avec un quart de verre d'eau, au maximum. Après vingt minutes de cuisson, passez à l'aide d'un pilon, à travers un tamis ou une passoire.
Recueillez la purée, salez. Vous épicerez et parfumerez, suivant le plat avec lequel vous servirez cette garniture.

EPINARDS EN BRANCHES

Epluchez les épinards, Enlevez les grosses queues. Lavez-les parfaitement. Jetez-les dans une bassine d'eau bouillante. Dix minutes de cuisson. Egouttez. Pressez pour exprimer l'eau. Ajoutez du beurre et du sel. Réchauffez sur le feu, dans une casserole de cuivre.
Cest la meilleure façon de préparer les épinards.

EPINARDS A LA CRÈME

Faites cuire comme pour les épinards en branches. Egouttez, pressez, hachez très fin. Ajoutez beurre et sel. Réchauffez. Ajoutez de la crème fraîche. Maniez le tout. Poivrez très légèrement.

OSEILLE FRITE

Prenez des feuilles d'oseille très jeune. Lavez-les bien ; séchez-les dans un torchon. Une par une, trempez-les dans une pâte à frire assez fluide, et jetez-les dans la friture bouillante. Faites frire comme des beignets. Salez au sortir de la graisse. Servez pour accompagner les fritures.

OSEILLE AU JUS

Epluchez l'oseille, lavez-la très bien. Prenez une casserole de cuivre, faites-y fondre un bon morceau de beurre. Ajoutez l'oseille, et chauffez. Rapidement l'oseille fond. Remuez tout le temps à la spatule.
L'oseille se transforme en une pommade brunâtre. Elle est cuite. Salez. Arrosez-la de jus de veau et servez-la avec le rôti qui a fourni la sauce.

LAITUES BRAISEES

Lavez de petites laitues bien pommées. Dans une casserole de cuivre, faites fondre du lard. Rangez les laitues les unes à côté des autres. Couvrez. Laissez mijoter une heure sans toucher à rien. Salez. Servez tel quel ou après addition d'un peu de jus de viande.

CHICORÉE CUITE

Faites cuire des chicorées, en employant le procédé indiqué pour les épinards. Elles cuisent cependant un peu plus longuement.
Egouttez, très convenablement. Hachez. Salez. Accommodez avec du beurre, du jus de Viande ou de la crème.

ENDIVES BRAISÉES

Pour que les endives ne soient pas amères, on a proposé des quantités de procédés. Le mieux est de les cuire sans eau. Préalablement, évidez l'intérieur de l'axe de la plante. C'est là la partie la plus amère.

Faites fondre du beurre dans une casserole en cuivre ou en aluminium. Rangez les endives côte à côte. Salez. Couvrez-les, à même, avec un papier beurré. Couvrez la casserole avec son couvercle. Laissez cuire à l'étouffée pendant une bonne heure.

CÈPES A LA BORDELAISE

Prenez de beaux cèpes non véreux. Séparez le pied du chapeau. Enlevez l'assise de tubes qui se trouve à la face inférieure.
Lavez les chapeaux ainsi préparés et dans une sauteuse chauffez-les dans de l'huile d'olive bouillante à laquelle vous avez ajouté échalotes et ail hachés. Salez et poivrez. Au début les cèpes jettent de l'eau. Laissez-la évaporer. Lorsque les cèpes commencent à rissoler, ils sont prêts.
Pendant cette cuisson, hachez les pieds avec de la mie de pain, ail et échalotes, sel et poivre.
Faites sauter le tout dans de l'huile bouillante.
Garnissez les chapeaux avec ce hachis et servez avec l'huile de cuisson.

QUELQUES ENTREMETS

Il existe un nombre très grand d'entremets. Leur énumération et l'exposé de leur préparation pourraient à eux seuls remplir un volume plus gros que ce petit livre. Je n'entreprendrai donc pas cette tâche.
Cependant, en observant ces différents entremets on est frappé de voir qu'ils peuvent se ramener à un certain nombre de préparations types. Ce sont les pâtes, les compotes, les crèmes.
Certes, si vous savez faire trois ou quatre sortes de pâtes, une dizaine de compotes, cinq ou six crèmes différentes, vous pourrez déjà, en combinant deux à deux ou trois à trois ces différents éléments obtenir un nombre déjà respectable d'entremets. Vous pouvez garnir u ne pâte- de fruits, ce sera une tarte ; la garnir de crème, ce sera un gâteau déjà savant. Vous pouvez garnir les fruits de crème, c'est un entremets recherché. Vous pourrez combiner les trois éléments pour obtenir une pâtisserie fort complexe.
Variez les pâtes, variez les crèmes, variez les compotes et vous serez une " entremetière" distinguée.
Je vais donc tacher de vous initier à la confection de ces bases indispensables, tout en les appliquant à quelques préparations classiques.

PATE BRISEE

Mettez dans une terrine : 250 grammes de farine, 125 gr. de beurre frais, un peu de sel et deux cuillères à bouche d'eau froide.
Avec le bout des doigts, malaxez rapidement le tout de façon à incorporer le beurre à la farine. Il faut travailler du bout des doigts, pour ne pas faire fondre le beurre à la chaleur de la main.
Lorsque la pâte est consistante, transportez-là sur une planche enfarinée. Travaillez-la toujours du bout des doigts, en ajoutant petit à petit de la farine, jusqu'au moment où elle ne colle plus aux doigts. Couvrez-la d'une

serviette et laissez-la reposer une demi-heure.
Vous avez là une pâte précieuse pour toutes les préparations familiales. Elle vous servira à faire des tartes, des petits pâtés de poisson ou de viande, etc.

PATE FEUILLETEE

Suivez point par point la méthode que Je vais vous indiquer et vous saurez faire un excellent feuilletage.
Opérez au frais.
1° Préparez une pâte brisée, en respectant les proportions et la technique précédente. Attendez ;
2° Prenez 125 grammes de beurre ni trop dur ni trop mou. Partagez-le 3 morceaux ;
3° Abaissez votre pâte au rouleau et couvrez-la aussi régulièrement que possible avec de petits morceaux de beurre provenant du fractionnement d'un des trois morceaux de beurre.
Pliez la pâte en trois comme une serviette. Puis encore en trois dans le sens perpendiculaire. Vous avez fait ce qu'on appelle deux tours.
Recouvrez la pâte avec une serviette.
Attendez un quart d'heure ;
4° Abaissez cette pâte au rouleau.
Recommencez la même opération : petits morceaux provenant de la deuxième fraction du beurre.
Pliez en trois et repliez en trois. Couvrez. Laissez reposer un quart d'heure ;
5° Même chose avec la troisième fraction de beurre.
Pliez en trois et repliez en trois.
Attendez un quart d'heure.
Le feuilletage est prêt.
Abaissez-le au rouleau jusqu'à épaisseur d'un centimètre.
Découpez un grand disque, dorez à l'œuf, cuisez au four chaud. C'est une exquise galette.
Découpez en petits disques. Portez au four ; ce sont des bouchées.
Employez cette pâte pour faire des tartes raffinées, des chaussons, des gâteaux pour le thé. Vous réussirez toujours.

PATE SABLÉE

Dans une terrine disposez 250 grammes de farine, 200 grammes de beurre, 120 grammes de sucre en poudre, deux cuillères à soupe d'eau froide, un peu de sel.
Fraisez le tout du bout des doigts. Lorsque le mélange commence à s'opérer, ajoutez deux jaunes d'œufs. Ramenez tout à bonne consistance en ajoutant un peu de farine. Portez sur la planche enfarinée. Pétrissez du bout des doigts jusqu'au moment où la pâte ne colle plus aux doigts. Elle est prête. Laissez-la se reposer une demi-heure.
Abaissez cette pâte à une épaisseur d'un demi-centimètre. Vous pouvez en faire des petits fours, des tartes, des gâteaux secs, etc.
Si la pâte doit rester apparente après cuisson, dorez-la toujours au pinceau avec du jaune d'œuf, avant de la porter au four.

PATE A CHOUX

Prenez une casserole, mettez-y : deux verres d'eau (soit 400 centimètres Cubes), 80 grammes de beurre, 4 grammes de sel. Portez le tout à l'ébullition.
Enlevez du feu et versez dans le liquide 230 grammes de farine tamisée, en remuant tout le temps la masse à la spatule de bois. Vous obtenez une colle épaisse.
Reportez sur un feu vif. Travaillez la pâte à la spatule jusqu'à ce qu'elle attache au fond. La pâte ,est desséchée. Enlevez du feu, ajoutez un à un trois ou quatre oeufs entiers, incorporez-les à la pâte. Il faut que la pâte soit consistante, ne coule pas et ne se déforme pas lorsqu'on en pose un morceau sur une assiette.
La pâte est prête ; elle vous servira à faire des éclairs, des profiteroles, des beignets etc...
Cuisez-la toujours dans un four à chaleur modérée.

CREME FOUETTEE

Opérez dans un endroit très frais.
Prenez 125 grammes de crème fraîche, mélangez-la

intimement avec 100 centimètres cubes de lait froid non bouilli. Ajoutez un gramme de gomme adragante et fouettez le mélange avec le fouet mécanique que vous employez pour faire la mayonnaise. La crème monte comme une mousse. Ajoutez de temps à autre quelques gouttes de lait froid. Lorsque la mousse est presque prête, sucrez avec 50 grammes de sucre vanillé, en remuant tout le temps la masse. Conservez au frais. Garnissez avec cette crème, toutes les pâtes possibles, toutes les compotes ou servez-la telle quelle avec des biscuits ou des fruits confits.

CRÈME ANGLAISE

Prenez 5 jaunes d'œufs et un litre de lait et (ne le dites à personne) une bonne cuillère à café de farine. Puis ayez devant vous 125 grammes de sucre et. une gousse de vanille.

1° Délayez la farine dans le lait froid, en versant le lait par très petite quantité et en incorporant la farine à mesure. Comme cela vous n'aurez pas de grumeaux, surtout si vous vous servez d'un fouet de fil de fer. Sucrez le liquide et ajoutez une demi-gousse de vanille ouverte en deux, longitudinalement. Faites bouillir le tout pendant cinq minutes. Le lait épaissit un peu à cause de la farine. Ajoutez une pincée de sel.

Dans une terrine placez les jaunes des 5 oeufs et versez le lait, petit à petit, alors qu'il est encore assez chaud. Mélangez continuellement au fouet.

Portez sur le feu, chauffez en fouettant jusqu'au moment où vous êtes tout près du point d'ébullition. La crème épaissit.

Je vous ai dit d'ajouter de la farine, et ceci pour empêcher la crème de tourner à son point d'ébullition. La préparation est ainsi très facilitée. La crème est peut-être un peu moins fine... mais, bien rares sont les personnes qui s'en aperçoivent.

Cette crème une fois refroidie est pâteuse ; elle est précieuse pour masquer des fruits cuits en entier : poires, pommes, pêches, abricots. Ornez-la avec des amandes hachées très finement.

CREME PATISSIÈRE

Dans une casserole mettez 200 grammes de sucre, une cuillère à soupe de farine, 6 jaunes d'œufs ; mélangez bien le tout ensemble.
Versez alors lentement, en remuant toujours, un demi-litre de lait chaud, préalablement bouilli avec de la vanille.
Lorsque tout est mélangé, portez sur le feu, remuez tout le temps et attendez le premier bouillon. Enlevez du feu ; laissez refroidir.
C'est une crème beaucoup plus épaisse que la précédente. Vous la rendrez légère en y incorporant les blancs de vos oeufs, après les avoir battus en neige.
Garnissez avec cette crème : pâtes diverses et fruits cuits.

CREME RENVERSEE

Faîtes bouillir un litre de lait, avec de la vanille ou un arôme quelconque : chocolat, café, thé, eau de rose, etc... Sucrez-le. Laissez-le refroidir à moitié.
Incorporez à ce lait 6 oeufs entiers, battez le tout ensemble. Répartissez dans de petits pots ou laissez dans un grand plat de porcelaine. Faites cuire au four chaud pendant une bonne demi-heure.
Servez froid dans les récipients qui ont servi à la cuisson.

COMPOTES DE FRUITS

Vous pouvez procéder de deux façons :
1° Dans une casserole mélangez les fruits épluchés ou énoyautés avec du sucre. Cuisez à petit feu.
Les fruits perdent leurs formes. Vous obtenez une marmelade.
Laissez-la refroidir. Servez telle quelle, ou avec une crème quelconque ;
2° Dans une casserole mettez du sucre en poudre ou cristallisé. Mouillez-le avec de l'eau. Laissez bouillir à petit feu, jusqu'au moment où vous voyez de petites bulles courir à la surface de ce liquide. Tournez. Vous avez fait un sirop. Dans ce sirop placez avec précaution des fruits entiers épluchés : poires, pêches, abricots, cerises. Laissez

s'établir l'ébullition. Cuisez sur petit feu jusqu'à ce que les fruits soient cuits. Tâchez de les abîmer le moins possible. Retirez délicatement les fruits, placez-les dans une coupe. Arrosez avec le sirop que vous avez laissé, d'abord, réduire sur le feu, si vous avez jugé que les fruits ont abandonné trop d'eau. Laissez refroidir. Servez tel quel, ou avec une crème. Vous pouvez aussi ranger ces fruits refroidis sur une pâte cuite d'avance ; vous avez fait une tarte.

MARMELADES GLACÉES AU FOUR

Vous avez préparé une marmelade de pommes par exemple. Vous l'avez placée dans un plat creux, en porcelaine ou en terre. Mettez le plat au four pour chauffer la marmelade.
Pendant quelle chauffe, vous avez, dans un bol, trituré des blancs d'œufs avec du sucre à glacer. (C'est un sucre ayant la consistance de la farine.) Trois blancs d'œufs et quelques cuillères de sucre vous donnent un liquide épais, mais encore coulant. Versez-le sur la surface de la compote et portez au four. Rapidement le sucre se caramélise, et la surface se dore. Servez dans le plat.
Bien entendu, vous variez chaque fois et les fruits de la marmelade et le parfum que vous lui ajoutez : vanille, cannelle, kirsch, rhum, marasquin, etc...

OEUFS A LA NEIGE

Lorsque vous avez fait une crème anglaise, les blancs vous restent. Battez-les en neige, soit sur un plat avec une fourchette, soit dans un saladier avec, le fouet à mayonnaise. Ajouter, à la mousse, du sucre à glacer et de la vanille en poudre.
Dans votre crème anglaise refroidie, laissez choir de petits amas de ce blanc neigeux que vous cueillez à la cuillère. Ne faite jamais cuire les oeufs à la neige, ils se racornissent. Ce n'est pas classique. Essayez et vous en serez ravie... Mais bien entendu, il faut être sûre de la fraîcheur de vos oeufs.

RIZ PRIS

Faites cuire pendant cinq minutes 120 grammes de riz dans très peu d'eau salée bouillante.
Enlevez l'excès d'eau et achevez la cuisson de ce riz dans un litre de lait sucré et vanillé. Dans un saladier ou une terrine, mélangez ce riz encore chaud avec dix feuilles de gélatine fondues dans un très peu d'eau chaude. Aromatisez avec un peu de kirsch.
Puis, lorsque la masse est encore tiède, incorporez de la crème fouettée. Versez le tout dans un moule. Laissez prendre au froid.
Démoulez, au moment de servir, en plongeant le moule, pour une seconde, dans l'eau bouillante. Servez en masquant avec une marmelade d'abricots très légère, ou une crème anglaise.

GATEAU DE RIZ

Faites cuire 300 grammes de riz dans un litre et demi de lait vanillé et bien sucré. Lorsque les grains ont perdu leur consistance croquante, arrêtez la cuisson. Laissez refroidir. Ajoutez alors 3 jaunes d'œufs et 3 blancs battus en neige. Mélangez le tout ensemble. La masse doit rester fluide. Autrement le gâteau ne sera pas moelleux. Ajoutez un peu de lait au besoin.
Faites du caramel en faisant cuire et brunir du sucre en poudre humecté d'eau, Arrosez un moule avec ce caramel, versez-y la masse de riz. Faites cuire au four pendant trois quarts d'heure. Laissez refroidir. Démoulez et servez avec une crème anglaise.

CREPES

Prenez 3 œufs, 250 grammes de farine et un peu de sel. Mélangez le tout en ajoutant du lait par très petites quantités. Vous obtenez d'abord une sorte de mastic lisse, qui se délaye au fur et à mesure, lorsque vous ajoutez le lait. Travaillez au fouet. Arrêtez-vous lorsque la pâte a la consistance d'une crème fluide et légère. Ajoutez une cuillère à café d'huile, un verre de kirsch ou de rhum.

Battez le tout ensemble. Laissez reposer cette pâte pendant quelques heures.
Ayez un bon feu, une poêle très propre et un morceau de beurre enveloppé dans un petit linge blanc. Avec ce tampon, graissez la poêle quand elle devient brûlante. Versez alors sur la plaque chaude une petite louche de pâte. Répartissez-la rapidement, tant qu'elle coule, sur toute la surface de la poêle. Faites cuire trente secondes.
La crêpe se décolle facilement. Retournez-la, cuisez-la quinze secondes. Jetez la crêpe sur une serviette. Recommencez les mêmes gestes pour une seconde crêpe et ainsi de suite. Vous ferez 18 ou 20 crêpes avec 3 oeufs.
Roulez ces crêpes comme des cigares, faites-les sauter au beurre ; servez avec des confitures, ou arrosées de kirsch, sucrées et enflammées dans le plat qui va à table.

BEIGNETS AUX POMMES

Epluchez et évidez des pommes Canada. Coupez-les en rondelles.
Trempez celles-ci dans une pâte a frire que vous faites avec 250 grammes de farine, 3 oeufs, 200 gr. de lait.
Faites la pâte avec les jaunes seulement. Au dernier moment, vous ajoutez les blancs battus en neige. Vous pouvez, si vous voulez les beignets plus légers, ajouter à la pâte une cuillère à café de levure anglaise ou alsacienne.
Vous trempez donc les rondelles de pommes dans cette pâte que vous avez faite assez consistante pour enrober facilement les pommes. Faites frire en pleine friture. Sucrez au sortir de la graisse. Mangez très chaud.

BEIGNETS SOUFFLES

Faites une pâte à choux. Puis faites-en frire, en pleine graisse fumante, des particules grosses comme de fortes noix que vous cueillez à la cuillère à café et que vous faites tomber dans ce bain de cuisson, à l'aide du doigt. Retirez-les de la friture, lorsqu'ils se retournent seuls et qu'ils sont dorés. Quelquefois ils éclatent... Ils n'en sont pas plus mauvais. Profitez de l'accident pour les remplir de confiture. Tout le monde en sera charmé et votre honneur d'entremetière sera sauf.

MERVEILLES

Faites une pâte, assez épaisse pour être abaissée au rouleau, en mélangeant : 4 oeufs, un verre de lait, 750 grammes de farine, 200 grammes de beurre, 100 grammes de sucre en poudre, 5 grammes de cannelle et un petit verre de rhum.
Abaissez des morceaux de pâte, comme si vous vouliez faire des nouilles. Plus l'abaisse sera mince, plus les merveilles seront délicates. Découpez, à la roulette cannelée, des lanières de cette abaisse et faites les frire en pleine friture. Trois à quatre minutes de cuisson suffisent.

MONT BLANC AUX MARRONS

Epluchez 1 kilo de marrons. Passez-les à l'eau bouillante. Enlevez la cuticule. Faites-les cuire dans du lait vanillé et sucré. Quand ils sont cuits, passez-les à la passoire ou au tamis à l'aide d'un pilon. Malaxez avec un peu de lait pour obtenir une crème très épaisse et très lisse. Réchauffez un peu, ajoutez 30 grammes de beurre fondu et deux jaunes d'œufs. Versez tout dans un moule. Laissez refroidir. Démoulez et servez en masquant l'édifice avec une crème fouettée.

TARTE AUX FRUITS

Préparez une pâte brisée. Abaissez-la à 4 millimètres d'épaisseur. Beurrez un moule à tarte à fond mobile. Moulez la pâte sur toute la surface ; coupez au ras du bord. Piquez la pâte par endroits avec les pointes de la fourchette. Remplissez avec des haricots ou mieux des noyaux de cerises que vous conservez depuis la belle saison. Faites cuire une, demi-heure au four. Laissez refroidir. Enlevez les noyaux. Remplissez avec des fruits cuits rangés artistiquement. Arrosez avec le sirop de la compote.

TARTE ALSACIENNE

Procédez comme pour la tarte précédente, mais remplissez-la alors que la pâte est encore crue.
Rangez côte à côte, des quartiers de pommes. Saupoudrez de sucre et arrosez avec une crème que vous composez en mélangeant 152 grammes de crème fraîche avec 50 grammes de farine, un oeuf et 100 gr. de sucre en poudre.
Portez au four et laissez cuire une bonne demi-heure.
Servez la tarte arrosée de kirsch et enflammée.

QUATRE QUARTS

Prenez deux oeufs entiers, 120 grammes de beurre fondu, 120 grammes de sucre en poudre et 120 gr. de farine. Mélangez le tout ensemble. Versez cette pâte fluide dans un moule à tarte ou répartissez-la dans de petits moules. Faites cuire au four chaud.
C'est un gâteau qui se fait très rapidement. Servez-le tel quel ou sous une couche de crème fouettée mélangée avec des fruits.

FIN

TABLE DES MATIÈRES

APPLICATION DES PRINCIPES FONDAMENTAUX

QUELQUES SOUPES ET POTAGES

QUELQUES SAUCES

QUELQUES PLATS D'OEUFS

QUELQUES ENTREES DE PATES

QUELQUES PLATS DE RIZ

QUELQUES PLATS DE POISSONS ET DE MAREE

QUELQUES ENTREES DE VIANDE, D'ABATS ET DE CHARCUTERIE

QUELQUES ENTREES DE BASSE-COUR

QUELQUES ENTREES DE GIBIER

QUELQUES ROTIS DE BOUCHERIE

QUELQUES REOTIS DE VOLAILLE ET DE GIBIER

QUELQUES PLATS DE LEGUMES

QUELQUES ENTREMETS

TABLE ANALYTIQUE

Achevé d'imprimer
en avril 2002
par IMPRIMERIE LIENHART
à Aubenas d'Ardèche

Dépôt légal avril 2002
N° d'imprimeur : 4214
Printed in France